I0467516

Dimensiones del comportamiento y la cultura organizacionales

Sobre este tema o temas relacionados,
CEDESA y
Fomento Educativo de Querétaro (Fomeq)
han publicado:

La cultura organizacional

To Be or Not To Be:
A Map of Human Behavior

Liderazgo absoluto:
Ruptura y renovación de premisas y de prácticas

Inducción integral

Dimensiones del comportamiento y la cultura organizacionales

Mariano Ortega

ISBN13: 978-1522761235
ISBN10: 1522761233

A Gerald Wayne Scanlon

Prólogo

Dimensiones del comportamiento y la cultura organizacionales ofrece un enfoque radicalmente diferente para entender y, en consecuencia, actuar y dirigir las organizaciones y sus culturas.

El modelo tradicional para estudiar, comprender, interactuar y dirigir a las organizaciones las distorsiona completamente al entenderlas como entes o actores unitarios y monolíticos que actúan de manera racional, eficiente y efectiva; que todo lo planifican; y que siempre alcanzan sus objetivos –y sólo sus objetivos, sin resultados colaterales no buscados ni deseados.

Dimensiones del comportamiento y la cultura organizacionales, en cambio, rompe con este modelo tradicional al plantear un enfoque fundamentalmente diferente que atiende a las organizaciones en toda su complejidad real con una lente pentadimensional que reconoce no sólo esos aspectos racionales, sino que estudia, incorpora e integra todos los aspectos personales, estructurales, políticos y simbólicos que inciden determinantemente en las organizaciones, su desempeño y sus logros.

Este enfoque ofrece, así, una perspectiva *sui géneris* para estudiar y comprender el comportamiento y la cultura de las organizaciones; para interactuar con ellas –como cliente, empleado, consultor, proveedor, etc.; y, sobre todo, para administrarlas y dirigirlas.

Contenido

Introducción[1]

Los comportamientos y los productos organizacionales tienden a interpretarse como resultantes de una actuación eminentemente planeada, unitaria y lógica.

Planeada, en el sentido de que todo se ve como si hubiera sido conscientemente previsto y buscado de la manera más eficiente y efectiva; donde nada es producto del azar o la casualidad; donde nada falta, ni nada sobra.

---

[1] Las ideas centrales de este trabajo aparecieron, por primera vez, en el libro **Bases para la administración en instituciones educativas** (Querétaro: Ciidet, 1982) compilado por Mariano Ortega, Manuel Mancebo del Castillo, René Thán, Luis González y Ezequiel Nieto.

Unitaria, en el sentido de que se considera como si la totalidad de las personas dentro de la organización actuaran con una concertación y una armonía absolutas, más propias de un solo actor que de toda una colectividad.

Lógica, en el sentido de que se da por supuesto de que todo tiene como guía una racionalidad rigurosa, en la que a cada consecuente corresponde siempre un antecedente; a cada efecto, una causa; a cada fin, un medio.

Quienes perciben esas acciones organizacionales, están expuestos a esos comportamientos o reciben sus productos o servicios (observadores externos, clientes o usuarios, empleados e, incluso, directivos mismos) los interpretan como si hubiesen sido generados por un ente monolítico, totalmente racional y absolutamente capaz de establecer unívoca y claramente sus objetivos, traducirlos a un plan de acción unitario y ejecutar fielmente dicho plan hasta alcanzar precisa y exclusivamente – es decir, sin productos o efectos colaterales adicionales– los resultados buscados. Así, todo comportamiento no es sino una fase o etapa prevista de dicho plan; y todo producto, el resultado exclusiva y específicamente buscado con la suma total de esos comportamientos.

Esta concepción, evidentemente limitada, conduce a la distorsión del comportamiento organizacional y a la consecuente incapacidad para entenderlo.

La introducción al mercado de la Nueva Coca-Cola (Oliver, 1986), su fracaso posterior con el público y la obligada reintroducción de la antigua fórmula como Coca-Cola Clásica nos ofrece uno de los muchos ejemplos que pueden darse de esta tendencia de ver siempre los comportamientos y productos organizacionales como resultantes de una actuación eminentemente planeada, unitaria y lógica:

Como la reintroducción –tres meses después– de la fórmula antigua tuvo la consecuencia inesperada no sólo de reparar el error y volver a las cifras de venta previas sino de revitalizar la marca misma y, con ello, de superar significativamente a su rival Pepsi-Cola –ante quien se sentía que se venía perdiendo la batalla– todo este proceso, al analizarse bajo esa lente, acabó por verse como un éxito resultante de una brillante actuación eminentemente planeada, unitaria y lógica, es decir que Coca-Cola había fríamente calculado de antemano todo el proceso y lo había llevado a cabo sin ninguna falla, para lograr la revitalización de la marca.

En suma, el fracaso mercadológico se interpreta falsamente como un éxito cuidadosamente calculado. Esta interpretación oscurece la influencia decisiva de otros elementos no siempre racionales, como la historia personal de los participantes; la significación simbólica adquirida por el producto en su primeros cien años; la presión social que los consumidores favorables a la antigua fórmula podían ejercer sobre el resto de los consumidores; la interpretación errónea o limitada de los estudios de opinión; el poder otorgado a los competidores ante una aparente aceptación de que el producto es mejorable; etc.

En el resultado final influyeron así no sólo aspectos racionales sino personales, procesales, simbólicos y políticos.

Como se ve, de haberse utilizado los enfoques tradicionales para estudiarlo, el comportamiento organizacional –en este caso de Coca-Cola– habría sido totalmente distorsionado y se habría concluido con una visión completamente equivocada tanto de la organización como del proceso y sus resultados por los sesgos para buscar y forzar un comportamiento eminentemente planeado, unitario y lógico.

La introducción de la Nueva Coca-Cola no fue una estrategia racionalmente planeada, unitaria y rigurosamente ejecutada para revitalizar la marca y aumentar las ventas de la vieja Coca-Cola, sino un serio fracaso organizacional para reemplazarla definitivamente al que la intervención de variables ni racionales ni contempladas originalmente y, por qué no, la rapidez de la empresa para darse cuenta de su fracaso, convirtieron finalmente en un triunfo tan estruendoso como inesperado.

El verlo así como algo calculado desde el principio e interpretarse, por lo tanto, como el resultado de una actuación eminentemente planeada, unitaria y lógica por parte de la empresa impide considerar todos los aspectos –aun los más relevantes– que influyeron de manera determinante en ese resultado final, si fueron no planeados; personales y múltiples; casuales e inesperados; contradictorios y aparentemente ilógicos –limitando así su comprensión y su análisis e imposibilitando una dirección y una administración apegadas a la realidad, a los hechos y a los factores que de manera más significativa puedan influir sobre su éxito o su fracaso.

Este trabajo se propone establecer líneas generales para el análisis de las organizaciones, sus comportamientos y su cultura, desde un marco conceptual multidimensional que, aunque no reproduzca en su totalidad la complejidad organizacional, la refleje con suficiente precisión como para que no se distorsionen ni su cultura, ni su comportamiento –que dista mucho de ser totalmente racional, completamente planeado y, especialmente, monolítico o unitario.

A partir de las teorías actuales de la organización y de su administración –en cuanto serie de marcos conceptuales únicos y en competencia– este estudio presenta hipótesis de trabajo que permiten contemplar tanto el comportamiento, como la cultura organizacional de una manera más amplia y como *resultantes* de la interacción de valores, concepciones, premisas, acciones y procesos en cinco dimensiones.

Esta tercera edición constituye la quinta versión de este trabajo. La primera, de febrero de 1982, fue utilizada como material de apoyo con cuatro grupos experimentales de directivos y corregida y revisada de acuerdo a esa experiencia.

La segunda versión, de abril de 1982, fue a su vez, corregida y precisada aprovechando la experiencia de cursos de desarrollo para directivos educativos, en diciembre de ese mismo año.

Esa versión se utilizó durante cinco años en diferentes programas educativos y de entrenamiento y capacitación con una gran diversidad de personas –personal directivo de organizaciones educativas, voluntarias, empresariales y gubernamentales– de todos los estados del país y del extranjero y como libro de texto en una variedad de programas académicos de licenciatura, maestría y doctorado en administración y en administración educativa. Esta variedad de experiencias permitió una revisión más amplia del trabajo y dio lugar a la tercera (1987) y cuarta (1988) versiones.

Todas esas experiencias se vierten, ahora, en esta quinta versión – versión definitiva, con toda la relatividad que en investigación suele tener este término– a la que se la han añadido un mayor número de ejemplos concretos.

Todo el trabajo de *Dimensiones del comportamiento y la cultura organizacionales* fue posible gracias al apoyo simultáneo, por una parte, del Dr. Alfredo M. Cuéllar Cuéllar y del Dr. José Antonio López Maldonado –en esos momentos directores del *Centro Interdisciplinario de Investigación y Docencia en Educación Técnica*– y, por la otra, del Programa *Fulbright*. Este programa no sólo me permitió la realización del estudio y la investigación básica en la *Universidad de Harvard*, el *Instituto Tecnológico de Massachusetts (MIT)* y el Instituto *Fletcher* de Leyes y Diplomacia (*Universidad Tufts/Universidad de Harvard*), mediante el otorgamiento de una beca *Fulbright-Fletcher* durante 1980-1981, sino que, al mismo tiempo, permitió que el Dr. Max G. Abbott, de la Universidad de Oregon, cubriera, también con un beca *Fulbright* como Profesor Visitante, mi plaza y mi trabajo.

1. Antecedentes y perspectivas

Sea desde una perspectiva diacrónica o sincrónica, las teorías de la organización y de su administración se presentan generalmente como una serie de marcos conceptuales únicos y en competencia por la exclusividad para –por sí solos, individual y aisladamente– analizar, entender y explicar el comportamiento organizacional en su totalidad.

Diacrónicamente, cada uno de esos marcos conceptuales se presenta como el marco finalmente definitivo que, sin embargo, de manera inesperada y abrupta es ventajosamente superado (es decir, desbancado) por el marco conceptual subsecuente más reciente, en el momento mismo en el que éste aparece. La historia no es, entonces, sino una secuencia de marcos conceptuales caducos con una validez y una vigencia limitadas.

La totalidad de la historia del pensamiento y las teorías organizacionales –de Taylor a la fecha– no sería, entonces, otra cosa que un cementerio de marcos conceptuales que fueron desbancados por otros que podían explicar exactamente lo mismo de una manera mejor.

Así, suele decirse que "la Administración Científica se originó en 1911 y fue popular hasta los años 30;[2] la Escuela de Relaciones Humanas predominó desde entonces hasta los años 60;[3] cuando la Teoría de Sistemas cobró preeminencia" (Rogers y Agarwala-Rogers, 1976:27).

En todos los casos, el nuevo marco conceptual se ve como una respuesta a la "insatisfacción [...] con las explicaciones del comportamiento organizacional" del marco conceptual previo desbancado (Rogers y Agarwala-Rogers, 1976:29).

Sincrónicamente, esos marcos conceptuales se manejan como constituyendo un menú de marcos conceptuales "diferentes pero equivalentes" o "en competencia", de entre los que se puede elegir uno – al gusto– para analizar la organización y sus comportamientos, aunque cada uno genere una interpretación o una conclusión diferente y, en cierto modo, actualice el refrán de que "todo es según el color del cristal con que se mire".

Estos marcos conceptuales diferentes pero "equivalentes" (Bolman y Deal, 1980) o "en competencia" (Perrow, 1979) pueden ser: El Modelo del Actor Racional, el Modelo del Proceso Organizacional y el Modelo Político-Burocrático o Gubernamental (Allison, 1971); el Modelo de Relaciones Humanas, el Modelo Neo-Weberiano y la Escuela Institucional (Perrow, 1979); o los esquemas Estructural, de Recursos Humanos, Político y Simbólico (Bolman y Deal, 1980).

Así, "no hay un marco conceptual correcto y único para entender a las organizaciones. Lo que sí hay es una serie de marcos interpretativos diferentes, cada uno muy útil para algunas cosas y no tan útil para otras" (Bolman y Deal, 1980:3).

---

[2] En ella, frecuentemente, se incluyen las teorías de la Burocracia de Weber y de la Gerencia Administrativa de Fayol, por lo que a enfoque y a época se refiere.

[3] De Barnard y Mayo a Argyris, McGregor, etc., incluyendo, por tanto la corriente de Recursos Humanos.

Esto no conduce sino al "problema más crítico al que se enfrenta el estudio de las organizaciones: elegir entre visiones en competencia sobre la naturaleza de las organizaciones complejas" (Perrow, 1979:i) o a un ejercicio de empatía, inclinación o interés personal donde se elige el marco conceptual que más guste, a sabiendas que cada uno produce una interpretación diferente del comportamiento y los eventos organizacionales.

Sin embargo, no es sólo la perspectiva sincrónica la que opera bajo las normas de "equivalencia" y "competencia". Lo mismo puede decirse para la perspectiva diacrónica: La historia del pensamiento organizacional no parece ser sino una serie de marcos conceptuales que han ido apareciendo en distintos momentos y cuya "equivalencia" o "competencia" –no por implícita menos real– ha hecho que el más reciente acabe por desplazar a su antecesor. El resultado es el mismo desde ambas perspectivas: La organización, su comportamiento y su cultura se distorsionan.

En suma, independientemente de si la perspectiva es diacrónica o sincrónica, forzosamente se concluye con un solo marco conceptual – único y limitado, "muy útil para algunas cosas y no tan útil para otras"– con el cual entender y explicar la realidad organizacional. Desde la perspectiva diacrónica, el problema de la selección lo resuelve la historia: el marco vigente o inmediatamente contemporáneo es el único válido. Desde la perspectiva sincrónica, el problema de selección no está resuelto; se admite que cada marco es limitado; y lo elige cada quien a su gusto o a su juicio. Y no hay sorpresa porque no hay misterio; lo que se ve no es sino el color del cristal con que se mira: la organización acaba reflejando las premisas del marco conceptual con el que se la estudia.

Y si bien, es cierto que esta postura de marcos conceptuales "diferentes pero equivalentes" o "en competencia" puede facilitar el que el estudioso de las organizaciones haga conciencia plena de los supuestos y las premisas de los que personalmente parte o en los que se apoya para enfocar a las organizaciones, cuando se aplica directamente para entender el comportamiento de las organizaciones es engañosa, por sus implicaciones –aparentes pero falsas– de libertad de elección o equivalencia, en el primer caso ["diferentes pero equivalentes"]; o de elección forzosa de un marco y de rechazo automático de los otros, en el segundo caso ["en competencia"].

Esa postura, en síntesis, tiende a borrar los límites entre paradigma personal y realidad organizacional; a simplificar demasiado –y destruir, por lo tanto– la complejidad de la vida organizacional; y, finalmente, a dificultar la comprensión de muchos fenómenos relevantes del comportamiento organizacional y, en consecuencia, a permitir una visión sólo parcial y una percepción sólo incompleta de la organización, sus comportamientos y su cultura.

Pero si la *postura* de marcos conceptuales "diferentes pero equivalentes" o "en competencia" parece inaceptable tanto por ser una confirmación de que "todo es según el color del cristal con que se mire", como por su limitación insalvable para siquiera intentar ver en su totalidad a la organización; *cada uno de los marcos conceptuales individuales*, en cambio, tan parcial como pueda ser, definitivamente ilumina un aspecto o una dimensión relevante y complementaria de la realidad organizacional.

Cuando esos aspectos o dimensiones relevantes *se suman*, entonces sí puede aspirarse a aprehender la realidad organizacional en su totalidad. Las objeciones hasta aquí presentadas no están dirigidas, por lo tanto, contra los marcos conceptuales mismos, sino contra las posturas que quieren verlos como de vigencia limitada, aislados y equivalentes o en competencia.

Los marcos conceptuales de la Administración Científica, la Administración Gerencial, la Burocracia, la Escuela de Relaciones Humanas, la Escuela de Recursos Humanos y la Teoría de Sistemas (por ver esos marcos conceptuales desde una perspectiva diacrónica); o los Modelos de Actor Racional, Proceso Organizacional, Político-Burocrático o Gubernamental, Relaciones Humanas, Neo-Weberiano o la Escuela Institucional y los Esquemas Estructural, de Recursos Humanos, Político y Simbólico (por verlos desde una perspectiva sincrónica, aunque a través de diversos autores), son mucho más que marcos de vigencia limitada –y por lo tanto, desbancados o desplazados– o marcos equivalentes o en competencia.

En el fondo, todo ellos atienden y reflejan aspectos perfectamente válidos y reales de la organización, sus comportamientos y su cultura. El problema es que, en cada caso, no se trata sino de un enfoque parcial. Es, precisamente, esa parcialidad la que genera la insatisfacción de que se habla desde la perspectiva diacrónica o la aparente equivalencia o falsa competencia con que se les ve desde la perspectiva sincrónica. En realidad se trata de marcos conceptuales cuyas parcialidades son, en muchos casos, complementarias.

2. Componentes o dimensiones

Al tomar los marcos conceptuales generados desde las perspectivas diacrónica y sincrónica y analizar tanto los aspectos parciales de la realidad organizacional que ilumina cada uno, como la complementariedad entre ellos, parece ser evidente que pueden encontrarse cinco vertientes, cada una con una identidad propia, bien diferenciada e irreductible en las cuatro restantes.

En cada caso, se trata de un conjunto unitario y congruente de valores, concepciones, premisas y supuestos en torno al ser humano y al mundo; en torno al tipo de relaciones e interacciones tanto entre los seres humanos mismos, como entre éstos y su medio ambiente; y en torno a las organizaciones sociales, sus objetivos y sus productos.

Precisamente por su parcialidad y complementariedad esenciales y definitorias, más que marcos conceptuales o posturas independientes, los cinco son *componentes* o *dimensiones* de una misma realidad organizacional, de un mismo comportamiento, de una misma cultura. Se trata pues de cinco marcos parciales que, unidos y conjuntamente, permiten visualizar, estudiar y comprender la totalidad del comportamiento y la cultura organizacionales.

Estos componentes o dimensiones organizacionales son: (1) Dimensión Racional; (2) Dimensión Personal[4]; (3) Dimensión Estructural[5]; (4) Dimensión Política; y (5) Dimensión Simbólica.

La Dimensión Racional está constituida, fundamentalmente, por el Modelo del Actor Racional (Allison, 1971), complementado por elementos importantes de la Teoría de Sistemas (Ackoff, 1970; Churchman, 1973) y por algunos aspectos de la Administración Científica (Taylor, 1911).

La Dimensión Personal está integrada por las escuelas o corrientes de Relaciones Humanas (Barnard, 1938; Mayo, 1945; Maslow, 1970) y Recursos Humanos (Argyris, 1957; McGregor, 1960; Likert, 1967; Argyris y Schön, 1974 y 1978).

La Dimensión Estructural[6] queda plenamente definida por la Teoría de la Burocracia de Weber (1922) y está, igualmente, reflejada en el

---

[4] Por su esencial coincidencia con las Escuelas de Relaciones y de Recursos Humanos, a esta dimensión originalmente se le había llamado de Relaciones Humanas. La actitud gratuitamente positiva generada por ese nombre obligó a cambiarlo, inicialmente a Relacional y, finalmente, a Personal.

[5] Por las mismas razones, a esta dimensión se le había llamado Burocrática en su acepción plenamente weberiana. El sentido peyorativo que ha adquirido el término en su uso cotidiano generó una actitud gratuitamente negativa hacia la dimensión que obligó, a su vez, al cambio de nombre.

[6] Debe ser evidente que la Dimensión Estructural es un racionalismo petrificado y, paradójica y precisamente, por ello fuera de la Dimensión Racional: *Un* enfoque racional de la realidad organizacional *en un momento dado*, quedó petrificado en una serie de estructuras y reglas, papeles y procedimientos rígidos y permanentes que responden a la realidad con un comportamiento siempre constante y, por lo tanto, de manera completamente distinta al racionalismo de su origen. En otras palabras, en tanto que en la dimensión racional siempre existe una libertad total en la opción para seleccionar o cambiar los medios para el logro de los objetivos según sean su efectividad y eficiencia para un momento o situación dados; en la dimensión estructural, la opción ya está ejercida y no existe otro medio que la utilización de los principios, las estructuras y los procedimientos de operación estándar que, precisamente, se diseñaron para facilitar la consecución de dichos objetivos. Así, mientras que la dimensión racional está abierta a todos los medios, la dimensión estructural es, en sí misma, un medio único y sin opciones adicionales; mientras que la dimensión racional, por lo menos teóricamente, no conoce la inercia, la dimensión estructural se apoya precisamente en ella, en

modelo del Proceso Organizacional (Allison, 1971), en el Neo-Weberiano (Perrow, 1979) y en el Esquema Estructural (Bolman y Deal,1980a). En ella se incluyen, por lo tanto, algunos aspectos de la Administración Científica (Taylor, 1911) y de la Administración Gerencial (Fayol, 1916).

La Dimensión Política incorpora todos los trabajos que habían atendido las relaciones de poder en las organizaciones y está planteada en el Modelo Político-Burocrático o Gubernamental de Allison (1971), en Crozier (1964), en Zaleznick (1970), en el Esquema Político de Bolman y Deal (1980c) y en el Enfoque Político para la planeación de Warwick (1978 y 1980).

La Dimensión Simbólica integra dos vertientes: el Modelo del Basurero [Garbage Can Model] de March y Olsen (1976); y la postura, propiamente simbólica, de Cassirer (1945) y el Esquema Simbólico de Bolman y Deal (1980d).

Se les llama *dimensiones* para acentuar la coexistencia indispensable e ineludible de las cinco. Sólo con la totalidad de las cinco dimensiones se puede pretender intentar aproximarse a la organización, para entender su cultura y su comportamiento y hacer hipótesis sobre su futuro.

Justamente, ha sido necesario desarrollar las teorías y enfoques organizacionales mencionados en las dimensiones, en toda su diversidad evidente, para poder explicar aspectos de la realidad organizacional que otros no sólo no explicaban, sino que ni siquiera reconocían como existentes.

El estudioso de las organizaciones no puede, entonces, darse el lujo de estudiarlas utilizando un marco conceptual monodimensional por favorito que sea o por apropiado-para-esta-organización que dicho marco, aislado y por sí mismo, parezca —lo que, después de todo, quizás no sea sino una justificación *a posteriori.*

---

la constancia y en la predictibilidad. Esta precisión no debe interpretarse, de ninguna manera, como un juicio valorativo que desmerezca la dimensión estructural. Debe recordarse que esta seguridad en la constancia y en la estructura impersonal y generalizable –ofrecida por la Dimensión Estructural– satisface, obviamente, necesidades básicas del ser humano en relación con la incertidumbre.

La hipótesis central de este trabajo (y por entusiasmada que esta presentación parezca no sigue siendo sino hipótesis central) es, así, que *las organizaciones viven una vida pentadimensional (racional, personal, estructural, política y simbólica) y que los productos, comportamientos y, en su caso, logros organizacionales no son sino resultantes de la interacción de esas cinco dimensiones.*

La selección de estas cinco dimensiones forma parte de la hipótesis de trabajo: se propone que *las dimensiones no son sino cinco y precisamente estas cinco.* Y, aunque sus nombres puedan coincidir con los utilizados por otros autores, no se pretende que correspondan sino a lo que aquí se define.

Las cinco dimensiones siempre están presentes. Cada organización puede acentuar de una manera particular y característica ciertas dimensiones por sobre las otras, destacando algunas y, relativamente, marginando otras, pero estando siempre todas presentes.

La medida en la que una organización concreta acentúa o marginaliza algunas dimensiones da lugar a un perfil particular *sui-generis* característico.

La prominencia que una organización conceda a cada una de las cinco dimensiones en su totalidad, genera el perfil dimensional característico de dicha organización, su cultura y sus comportamientos[7].

Si las hipótesis aquí planteadas son ciertas, la determinación del Perfil Dimensional cobra importancia no sólo para el estudio de las organizaciones, su cultura y sus comportamientos, sino para su administración y dirección; para la decisión, conducción y asesoría de intervenciones, transformaciones y cambios; para la determinación de sus posibilidades y limitaciones; para una mejor adaptación, incluso, a los seres humanos.

---

[7] Aunque este trabajo fue originalmente desarrollado para organizaciones sociales, los conceptos de dimensiones y de perfil dimensional pueden aplicarse igualmente a personas, familias, grupos sociales, países, etc. y a sus culturas correspondientes.

3. Dimensiones organizacionales

Las cinco dimensiones organizacionales que van a discutirse, se presentan como los paradigmas teóricamente 'puros' que se proponen para estudiar y entender el comportamiento y la cultura organizacionales.

Debe ser evidente que en la pentadimensionalidad de la realidad organizacional ninguna de las dimensiones aparece con esa pureza. Si aquí se presentan así es para subrayar, sin lugar a dudas, las contribuciones específicas de cada una al comportamiento y a la cultura organizacionales.

Cada una de las dimensiones se caracteriza, como se ha dicho, por una visión particular del ser humano y del mundo; una congerie de valores centrales; una concepción de la organización; un conjunto de premisas, supuestos y creencias; y un elenco de acciones y estrategias que, apoyadas en esas premisas, supuestos y creencias, buscan realizar esos valores.

Cada dimensión, por ejemplo, difiere de las otras no sólo en lo que valora y no valora, en lo que atiende y desatiende sino en lo que concibe como soluciones aceptables a los problemas y en las cosas mismas que define como problemas[8].

Según la dimensión utilizada, los problemas organizacionales –sólo por continuar con el ejemplo– tienden a interpretarse como síntomas de falta de información, en la dimensión racional; como insatisfacción humana, en la personal; como incumplimiento de reglas y procedimientos, en la estructural; como desequilibrio de fuerzas o incapacidad de negociación, en la política; y como falta de significado o de sentido, en la simbólica.

De la misma manera, hay aspectos que pueden ser centrales para una dimensión (como el liderazgo y la motivación, para la personal; o la efectividad y la eficiencia[9], para la racional) y marginales o totalmente incomprensibles para otra (como serían los primeros, para la estructural; los segundos, para la política).

En ese sentido, el esquema que se sigue para la presentación de cada una de las cinco dimensiones, si bien permite la comparación entre dimensiones, fuerza la atención sobre el mismo conjunto de parámetros en cada una de las cinco dimensiones y *puede dar la falsa impresión de*

---

[8]   Hay una distinción importante entre las dimensiones que debe marcarse. Mientras que para las dimensiones racional y personal el enfoque no es sino uno, independientemente de si se analizan las cosas desde fuera (**de**) o desde dentro (**en**) de la dimensión; en las dimensiones estructural, política y simbólica existen dos enfoques diferentes para cada una, dependiendo si se analizan las cosas desde fuera (**de**) o desde dentro (**en**) de la dimensión.

Desde fuera, el análisis generalmente utiliza los valores, concepciones, premisas, supuestos, etc. *racionales*; desde dentro, se utilizan los valores, concepciones, premisas, supuestos, etc. *propios de la dimensión particular*. Aunque en cierta medida esto también afecta ligeramente el análisis de la dimensión personal, no llega a afectarlo de manera de constituir un enfoque diferente.

Por ejemplo, las acciones vistas como indispensables desde dentro de la dimensión simbólica, suelen verse como rituales o ceremonias desde fuera; o la determinación del poder relativo de los grupos, ejercicio indispensable desde fuera de la dimensión política, desde dentro se convierte en anatema, especialmente para los grupos con menor poder relativo.

[9]   De manera simplificada, por efectividad se entiende el grado en que se logra lo que se busca; por eficiencia, la manera (inverso de los insumos) como se logra.

que todos esos parámetros tienen igual importancia para cada una, cuando, en algunos casos, los parámetros centrales para una dimensión difícilmente pueden ser concebidos por otra o se conciben de manera diametralmente opuesta[10].

Este esquema, repetido de idéntica manera para las cinco dimensiones, está constituido por doce rubros de desigual importancia.

El primer rubro, definitorio, se refiere a los valores, concepciones y premisas centrales para cada dimensión en lo que se refiere al ser humano, al tiempo, a la organización y al medio ambiente.

El segundo rubro, corolario general del primero, bosqueja las acciones y comportamientos que corresponden a esos valores, concepciones y premisas centrales.

Todos los rubros siguientes se concentran en ampliar este segundo rubro al ejemplificar con algunas acciones y comportamientos organizacionales concretos considerados como importantes por alguna o algunas de las cinco dimensiones, como son la planeación, la evaluación, el control, la autoridad, el liderazgo, la toma de decisiones, la comunicación, el conflicto, el cambio y la incertidumbre.

Esta presentación, meramente esquemática, no tiene evidentemente pretensiones de ser exhaustiva. No sólo cada uno de los rubros puede extenderse ampliamente, sino que igualmente puede aumentarse el número de rubros.

---

[10] Como pueden ser, por dar dos ejemplos, los casos de la toma de decisiones vista desde las perspectivas racional y simbólica; o del conflicto desde las perspectiv.as simbólica y política.

A. Dimensión racional

Visión global

La dimensión racional es la dimensión que se enfoca en los objetivos a alcanzar y en los medios óptimos –que en cada momento existen– para alcanzarlos. Para esta dimensión todo se hace con un propósito y ese propósito es el objetivo a alcanzar en todo momento.

Valora la efectividad y la eficiencia, la utilidad y, desde una perspectiva totalmente pragmática, la verdad –en tanto dato comprobable que facilita la consecución de los objetivos y la selección de los medios: Los datos duros son la base de todos los procesos racionales.

Exige una gran capacidad de abstracción, de análisis y de síntesis. Se apoya en procesos lógico-matemáticos y es la única dimensión en donde el orden de los factores no altera el producto.

Para esta dimensión el ser humano es una entidad totalmente racional (homo sapiens) –y esta racionalidad constituye su variable distintiva y la más relevante, que rige todos sus procesos internos e interacciones externas.

El mundo es un conjunto de variables relevantes e irrelevantes –una relevancia relativa definida, en cada caso, por los objetivos a alcanzar y los medios a utilizar para alcanzarlos.

En ese sentido, tanto el ser humano como la organización tienen valor en tanto agentes para el logro de objetivos –los objetivos que se busquen en cada caso. Esta atención a los medios y a los agentes puede hacer que desatienda la valoración o la ética de los objetivos y de las metas por alcanzar y tomarlos simplemente como datos indiscutibles, como puntos incuestionables de partida.

Esta dimensión no concibe que exista la menor discrepancia entre pensamiento y acción, entre planeación e implantación.

Valores, concepciones y premisas

El ser humano

La dimensión racional concibe al ser humano con las siguientes características definitorias:

a. *Naturaleza:* Se concibe como un ser fundamentalmente racional[11]
.

b. *Orientación o enfoque:* Enfocado en el logro de objetivos y metas y en la identificación de los medios óptimos para lograrlos.

c. *Características distintivas:* Cuya naturaleza racional le permite un alto nivel de abstracción en el manejo de su realidad, la identificación de variables relevantes y una actuación acorde con ellas.

d. *Interacciones:* Cuyas interacciones y relaciones tanto con sus semejantes como con el mundo que lo rodea se basan

---

[11] El *homo sapiens* en la clasificación de Linneo con sus raíces en el animal racional aristotélico (*animal rationale),* en el animal que razona (*animal rationabile*) y en el "pienso, luego existo" de Descartes.

exclusivamente en la razón y se dan, por lo tanto, como seres racionales.

e. *Participación organizacional:* Y cuya participación en la organización se da en tanto racionalidad, manteniendo bajo control todas sus demás características personales no relevantes para una situación o un momento dados.

El tiempo

Su concepción del tiempo es:

a. *Naturaleza:* Se concibe como externo, objetivo y lineal.

b. *Características distintivas:* Una realidad objetiva que es irrepetible e irrecuperable[12].

c. *Manejo o administración:* Por lo que tiene que manejarse con precisión y economía.

d. *Horizonte temporal:* Con un horizonte temporal extenso que incluye corto, mediano y largo plazos.

La organización

Y concibe a la organización:

a. *Naturaleza:* Un medio o instrumento para conseguir ciertos fines.

---

[12] Esta concepción lineal, irrepetible e irrecuperable del tiempo, el tiempo absoluto newtoniano, constituye una variable objetiva externa al individuo e independiente de su percepción o de los eventos ocurridos. Es el que ha dado lugar al refrán popular "el tiempo perdido hasta los santos lo lloran".

b. *Enfoque:* Orientado a la efectividad y la eficiencia[13].

c. *Características distintivas:* Cuya naturaleza, eminentemente instrumental, le imprime un carácter potencialmente transitorio y, teóricamente, sin inercia.

d. *Productos y resultados:* Y le permite transformar todos sus planes en acción y todas sus acciones en resultados.

El medio ambiente

Y concibe el medio ambiente como:

a. *Naturaleza:* Es el contexto sistémico en el que se alcanzan los objetivos racionalmente planeados; del que se reciben insumos y al que se entregan productos.

b. *Características distintivas:* Es una variable relevante, totalmente cuantificable o medible.

c. *Manejo o administración:* Se maneja simplemente como una variable interviniente e interfiriente en planes y acciones organizacionales.

Acciones y comportamientos

Todas las acciones y los comportamientos, *tanto organizacionales como personales*, se suponen incesante, efectiva y eficientemente orientados a

---

[13] Como se ha explicitado en una nota previa, efectividad se entiende como la capacidad para el logro de los fines, objetivos o resultados buscados. Eficiencia, como la capacidad para lograrlos utilizando el mínimo de recursos posibles.

la consecución de los objetivos organizacionales y, en su defecto, capaces de reorientarse automática e inmediatamente, gracias a la racionalidad compartida por todos. Precisamente, el hecho de que esa racionalidad y esos objetivos sean plenamente compartidos por todos hacen actuar a la organización no como un conjunto de actores, sino como un solo actor, unitario y monolítico.

Entre estas acciones y comportamientos pueden mencionarse a título ilustrativo y no exhaustivo, desde la perspectiva de esta dimensión:

Planeación

A partir del proyecto original en el que se opta por la organización como el mejor medio para alcanzar los objetivos y fines buscados; se diseña la organización; y se realiza una planeación general de metas a alcanzar y acciones a realizar; las actividades de planeación se realizan –inconsciente y automáticamente– por todos, como parte de un proceso natural de adecuación y desarrollo del proyecto inicial, por lo que no hay necesidad de mecanismos estructurales de coordinación, precisamente por suponerse que la racionalidad y los objetivos organizacionales operan constantemente como denominadores comunes de todas las acciones y comportamientos.

Fundamentalmente, la planeación fortalece a la organización para enfrentarse al futuro y requiere de la retroalimentación instantánea en el presente por parte de todos –cada quien experto en su propio campo.

Evaluación

La evaluación es esencial para la ratificación constante o para la rectificación inmediata de los medios en su consecución de objetivos. La evaluación se da, por tanto, como un proceso generalizado, continuo y necesaria y automáticamente ligado a la toma de decisiones.

Control

El control organizacional, como tal, es innecesario: La actividad racional de individuos racionalmente orientados a la consecución de los mismos objetivos no requiere de mayor control que el que la razón y la evaluación individuales ejercen sobre el sujeto mismo.

Autoridad

La autoridad la confieren la razón y el conocimiento; por ello, en esta dimensión la autoridad se multiplica, si no en acto, por lo menos en potencia. En este sentido, todos y cada uno de los individuos participantes en la organización tiene autoridad en potencia, que se convertirá en acto en la medida en que pueda confrontar con éxito las prácticas, las premisas operativas o los medios actuales; contribuir a su optimización; o mostrar un medio más efectivo o eficiente para alcanzar los objetivos de la organización. Al estar la organización abierta a toda confrontación (ratificación o rectificación) por la razón, los niveles jerárquicos se diluyen y la autoridad es temporal y transitoria.

Liderazgo

El liderazgo lo confiere, asimismo, la razón, la pericia o la capacidad dialéctica o de argumentación. Quien convenza a los demás de que posee la máxima racionalidad y, consecuentemente, la visión o la postura de máxima efectividad/eficiencia para el logro de los fines u objetivos organizacionales, tiende a ocupar la posición de liderazgo, la que, a su vez, estará siempre abierta a la confrontación por la razón. Constituye una posición esencialmente irrelevante y, como la autoridad, temporal y transitoria.

Toma de decisiones

La toma de decisiones se realiza matemática o cuasi matemáticamente y está totalmente orientada a la optimización y maximización. Se realiza, potencialmente, por todos y está abierta al cuestionamiento y a la confrontación racionales, también por parte de todos, independientemente de niveles jerárquicos oficiales.

Comunicación

En esta dimensión, la comunicación se entiende exclusivamente como información; se da en todas las direcciones (vertical, horizontal y diagonal) y sentidos (ascendente, descendente y lateral); y es uno de los elementos fundamentales para maximizar la racionalidad organizacional y el logro de objetivos, especialmente a través del cuestionamiento, la confrontación o la retroalimentación.

A pesar de darse en todas las direcciones y sentidos, es una comunicación estrictamente eficiente, que se apoya en datos relevantes, apela únicamente a aspectos racionales y se enfoca totalmente al logro de objetivos.

El lenguaje utilizado suele ser un lenguaje preciso, especializado o técnico, propio del ramo del saber en el que opera la organización.

Conflicto

En esta dimensión no se concibe el conflicto, por más que se utilicen la confrontación y el cuestionamiento racionales: En primer lugar, una de las premisas básicas es la de que existe una verdad absoluta y válida alcanzable por todos. Adicionalmente, se tiene la seguridad de que la razón conduce, individual y colectivamente, a esa verdad. Y, finalmente, se tiene plena confianza en que la interacción estrictamente racional entre individuos totalmente racionales imposibilita la aparición de fricciones interpersonales.

Por otra parte, tampoco se concibe el conflicto entre objetivos puesto que siempre que exista más de un objetivo será indispensable su jerarquización racional y el establecimiento de prioridades.

Cambio

Al concebir a la organización misma meramente como un medio y, por lo tanto, potencialmente transitorio y teóricamente sin inercia, esta dimensión contempla el cambio organizacional e individual como automático e instantáneo.

Se apoya fundamentalmente en la retroalimentación, que busca que sea inmediata. Esto es cierto tanto para los actos individuales y colectivos, como para la organización como un todo: En el momento mismo en que se muestre o se descubra que hay otra forma de alcanzar esos fines y objetivos de manera más efectiva o eficiente, el cambio se supone inmediato, incluso para el caso en que se descubra un medio alterno mejor que la propia organización.

Incertidumbre

La confianza en la razón y la inclusión del medio ambiente como una variable más en la ecuación organizacional, permite afrontar en todo momento lo incierto y lo inesperado, con la seguridad de que podrá encontrarse la respuesta adecuada en su momento. En ese sentido, la racionalidad resuelve la incertidumbre.

Para la dimensión racional, los objetivos; el análisis, la detección y la administración de variables relevantes; la optimización en el logro de resultados; la evaluación, la toma de decisiones y la comunicación (información, datos), son distintivamente lo más importante.

B. Dimensión personal

Visión global

La dimensión personal es la dimensión que se enfoca en el ser humano –en toda su complejidad– y en sus relaciones con los demás. Para esta dimensión todo tiene sentido en función del desarrollo, satisfacción, felicidad, realización, etc. que se genera en los seres humanos.

Valora el desarrollo, la maduración, la autorrealización, la socialización, la participación solidaria y comprometida, el aprendizaje, la felicidad, el bien.

Exige una gran capacidad de empatía y de relación, para los que se apoya en procesos emotivo-afectivos y, si acaso, sólo limitadamente racionales.

Para esta dimensión el ser humano es un ser único, altamente complejo (físico-biológico, afectivo, social, simbólico y, por lo menos parcialmente, racional), interactivo y en relación e irreductible a unas cuantas variables.

El mundo es un gran entorno social integrado por una diversidad de seres humanos con una gran diversidad de aspiraciones, talentos, capacidades y limitaciones.

Tanto el ser humano como la organización tienen un valor en sí mismos independientemente de lo que hagan y lo que logren.

Es una dimensión abierta a la variedad y a la diversidad y tolerante, por lo tanto, de variantes, así como de incongruencias e inconsistencias entre el pensar y el hacer.

Valores, concepciones y premisas

El ser humano

La dimensión personal concibe al ser humano con las siguientes características definitorias:

a. *Naturaleza:* Se considera como un ser complejo en el que se integran aspectos no sólo racionales, sino biológicos, afectivos, sociales, psicomotores, etc.[14]

b. *Orientación o enfoque:* Que se enfoca a la realización de todo su potencial en cuanto ser humano, atendiendo una jerarquía de necesidades y motivadores.

c. *Características distintivas:* Que busca satisfacer, armónicamente, sus propias necesidades, aspiraciones e intereses fluctuantes y diversos y contribuir de acuerdo con ello, como ser social y en relación.

d. *Interacciones:* Cuyas interacciones y relaciones con los demás se dan en cuanto seres humanos y se efectúan en todos los niveles (cognitivo, afectivo, etc.) e involucran todos sus aspectos personales.

e. *Participación organizacional:* Y cuya participación en la organización se da creativa, madura y responsablemente, porque en ella se desarrolla y se realiza, satisface sus necesidades y alcanza sus propios objetivos.

---

[14] Ese ser pascaliano cuyas "razones del corazón" "la razón no conoce"; un ser complejo y en relación, redescubierto por los Estudios de Hawthorne (1920-30) en la lógica de sus sentimientos; por March y Simon (1958) en las limitaciones cotidianas de su racionalidad; y por Herzberg (1964) en los factores de higiene o externos que afectan su trabajo.

El tiempo

Su concepción del tiempo es:

a. *Naturaleza:* El tiempo es subjetivo e interno. Su percepción depende de lo vivido por lo que se interpreta como quebrado en segmentos desiguales y discontinuos.

b. *Características distintivas:* Vivido y personal[15], es el individuo quien mantiene internamente la continuidad de la propia experiencia personal.

c. *Manejo o administración:* Se maneja de manera individual con puntos concertados de encuentro.

d. *Horizonte temporal:* El horizonte temporal es variable, generalmente asociado a eventos personales concretos en el corto y mediano plazos.

La organización

Y concibe a la organización:

a. *Naturaleza:* Se considera, fundamentalmente, como una agrupación artificial[16] de personas.

b. *Enfoque:* Que tiene un valor intrínseco y es el satisfactor potencial de los múltiples objetivos y necesidades de quienes la integran.

---

[15] Es el tiempo interno y personal, *la duración*, el tiempo percibido del que habla Bergson (1970).

[16] Artificial (a diferencia de la familia que es una agrupación natural) en el sentido de que se crea y se integra en torno a la consecución de una serie de objetivos fijados externamente.

c. *Características distintivas:* Cuya naturaleza, eminentemente social, la hace relativamente estable e implica la participación plena de todos los que la integran y le permite desarrollarse, evaluarse y transformarse según las necesidades, motivadores y expectativas de todos los involucrados internos y externos.

d. *Productos y resultados:* Con múltiples satisfactores tanto externos y generales para el público al que sirve como internos y particulares, incluyendo satisfactores diversos para los participantes.

El medio ambiente

Y concibe el medio ambiente como:

a. *Naturaleza:* Es el entorno social en el que viven y se desarrollan los miembros de la organización y en el que ésta se encuentra plenamente inmersa.

b. *Características distintivas:* Que influye continua y considerablemente en todos los aspectos de la vida organizacional y es, a su vez, influido por ésta, aunque potencialmente en menor escala.

c. *Manejo o administración:* Se maneja como una extensión semi diferenciada de la organización cuya satisfacción constituye una de las razones de ser de la propia organización.

Acciones y comportamientos

Las acciones y los comportamientos organizacionales son múltiples, diversos y, en muchos casos, gratuitos. Buscan no sólo la consecución de los objetivos tanto organizacionales, como grupales y personales, sino, incluso, la expresión misma de individuos y de grupos. En ese sentido, sus estándares no son ni la efectividad, ni la eficiencia, sino la satisfacción que se genera en las personas y los grados de participación que se propician.

A manera de ilustración, se presentan algunas acciones y comportamientos organizacionales vistos desde la perspectiva de la dimensión personal:

Planeación

La planeación es participativa y se realiza a todos los niveles, con interacciones verticales y horizontales que convierten a todos los involucrados tanto en planificadores como en ejecutores.

Esta integración participativa evita la dicotomía entre unos (planificadores) y otros (ejecutores) y asegura la implantación de los planes.

Con la planeación participativa no sólo se enriquece el proceso por la contribución de múltiples fuentes y perspectivas personales, sino que compromete más a los participantes con su implantación posterior. Lo que se busca no es tanto el conocimiento teórico o la pericia, sino la experiencia personal y el compromiso individual de todos y cada uno de los participantes.

Evaluación

La evaluación, como la planeación, es participativa e integradora: Las mismas personas son evaluadores de sus propias acciones y sus resultados sirven para el aprendizaje personal y organizacional que permite modificar y mejorar dichas acciones. La evaluación deja de ser amenazante y exclusivamente realizada por externos.

Por las mismas razones, la evaluación puede verse afectada por la subjetividad y –consciente o inconscientemente– por los intereses creados de quienes son, a un tiempo, evaluadores y evaluados.

Control

El control organizacional sobre los individuos es más débil que el propio control que ejercen unos sobre otros. Este control lo ejerce particularmente el grupo de referencia, tanto en aspectos productivos y organizacionales como personales y sociales, según las normas no escritas de su propia cultura o subcultura. De la observancia de estas normas y costumbres depende –tácita o explícitamente– la membresía del individuo en el grupo.

Autoridad

La autoridad real la confiere el grupo y no la estructura formal de la organización. Esta autoridad puede ser conferida (siempre de manera informal y no necesariamente explícita) por motivos personales diversos, como el carisma, el carácter, la experiencia, la escolaridad, la edad, etc.

Liderazgo

Aunado en gran medida a la motivación, el liderazgo es un concepto clave en esta dimensión. Es una capacidad personal de conducir al grupo, motivándolo y respondiendo a su grado de madurez. El liderazgo puede ser múltiple, según las áreas o las actividades establecidas y diferenciadas por el grupo (o por el propio líder y aceptadas por el grupo) y es situacional en la medida en que debe responder a las necesidades cambiantes o al estado de desarrollo del propio grupo.

Toma de decisiones

La toma de decisiones busca satisfacer, no optimizar, por lo que el proceso de toma de decisiones concluye con la primera alternativa satisfactoria a la que se llega (March y Simon, 1958).

Puede ser participativa e involucra, necesariamente, a todos lo que, potencial o actualmente, van a ser afectados por una decisión dada.

Comunicación

En esta dimensión, la comunicación se entiende en forma amplia como comunicación humana (racional, expresiva, afectiva, simbólica) y se da en todas las direcciones, sentidos y niveles (formal e informal), con el grupo de referencia como base. La interacción grupal favorece la comunicación oral cara a cara.

Esta comunicación está abierta a todos los contenidos (personales, grupales y organizacionales) y a todos los medios (formales, informales, orales, escritos, etc. incluyendo el rumor) y es potencialmente ineficiente e inefectiva desde un punto de vista estrictamente funcional, pero no desde la perspectiva personal o grupal.

El lenguaje es el lenguaje personal compartido por el grupo de referencia, coloquial y expresivo.

Conflicto

El conflicto se concibe como una disfunción organizacional. Se origina en la insatisfacción personal; falta de motivación; trabajos empobrecidos por la limitación y la rutina; o por modelos de interacción personal o comunicación organizacional inadecuados. El conflicto puede y debe resolverse y erradicarse, lo que generalmente se hace a través de actividades de sensibilización que respondan a necesidades y motivaciones grupales e individuales.

El conflicto por diferencias personales lo atiende y lo busca resolver el grupo de referencia.

Cambio

El cambio es gradual pero constante. Es un proceso automático y natural de crecimiento y desarrollo, tanto personal, como grupal y organizacional. Viniendo desde dentro, tanto el individuo como el grupo y la organización hacen verdaderamente suyos esos cambios y los incorporan y reflejan en sus comportamientos y en sus procesos de socialización.

En esta dimensión al cambio se le conoce como aprendizaje, personal y organizacional.

Incertidumbre

El enlace permanente de individuos y grupos con el medio ambiente y la interacción grupal abierta resuelven la incertidumbre –en el sentido de disminuir su potencial amenazante, por la confianza que existe en la capacidad del grupo para hacerle frente a lo inesperado en el momento en que ocurra y por el apoyo emotivo que personalmente puedan prestarse entre sí.

Para esta dimensión, la realización y la satisfacción personales y grupales; el logro de objetivos personales, grupales y organizacionales; el liderazgo, la comunicación y el cambio –entendido como aprendizaje– son especialmente importantes.

C. Dimensión estructural

Visión global

La dimensión estructural es la dimensión que se enfoca en lo que se tiene que hacer, en la manera precisa de hacerlo y en la manera de distribuir y jerarquizar este hacer. Para esta dimensión lo importante son la tarea, las formas en que puede dividirse y los roles o papeles necesarios para realizarla.

Valora la certidumbre, la impersonalidad (importa el rol, no la persona que lo desempeña), la generalidad (lo mismo para todos sean quienes sean), la maestría o el dominio sobre acciones y procesos, el cumplimiento, la responsabilidad, la disciplina y la justicia sin distinción (*Dura lex sed lex*).

Exige una gran capacidad para el dominio y la separación de una variedad de roles y para el manejo impersonal y general de acciones y personas.

Para esta dimensión el ser humano no es sino un conjunto de roles (hijo, padre, amigo, compadre, empleado, jefe, etc.) cada uno definido de antemano e independientemente de él y en función de los cuales se dan las interacciones o relaciones con los demás.

El mundo mismo es un conjunto estructurado de roles, funciones y áreas de responsabilidad y de procesos y normas previamente definidos y aceptados.

El ser humano cumple un rol impersonal en la organización, la que a su vez, no es sino un conjunto de roles o papeles.

Los roles y las normas ofrecen una estabilidad y una seguridad que permiten actuar en el mundo. Sin ellos, por una parte, habría que estar inventando el hilo negro cada vez que se vaya a coser y, por la otra, habría una tendencia al desorden y al caos.

Valores, concepciones y premisas

El ser humano

La dimensión estructural concibe al ser humano con las siguientes características definitorias:

a. *Naturaleza:* Ser actuante que se define por su actividad o su hacer[17] y por los roles o papeles que éstos implican o conllevan.

b. *Orientación o enfoque:* Se le considera como un ser orientado principalmente a la maestría o al dominio de la tarea o a la parte del proceso del que es responsable y del rol o papel que impersonalmente desempeña.

c. *Características distintivas:* Que requiere de estabilidad y certidumbre y de una definición precisa en todo lo que es y todo lo que hace; y en el que coexisten una diversidad de roles, papeles o esferas de actividad (padre, hijo, profesional, amigo, jefe, subordinado, etc.) que puede mantener perfectamente aislados e independientes.

---

[17] El ser humano orientado al hacer (*praxis*) que se convierte en un fin en sí mismo [en contraposición con la orientación a la producción (*poiesis*)] (Aristóteles: *Ética*).

d. *Interacciones:* Cuyas interacciones y relaciones con los demás se dan precisamente como parte de alguno de sus roles y están regidas por estructuras y reglas, procedimientos y protocolos formales que, implícita o explícitamente, establecen con claridad las áreas de acción, de responsabilidad y de expectativas.

e. *Participación organizacional:* Y cuya participación en la organización se da, precisamente, en función de un rol o papel – de un puesto con responsabilidades, funciones y actividades o tareas, claramente delimitadas y definidas.

El tiempo

Su concepción del tiempo es:

a. *Naturaleza:* Se contempla como circular: El tiempo del ciclo completo del proceso organizacional (año lectivo, sexenio, etc.).

b. *Características distintivas:* Se reinicia y repite periódicamente de acuerdo con las tareas y procesos específicamente propios de la organización[18].

c. *Manejo o administración:* Se maneja de acuerdo a cronogramas, calendarios, períodos fijos, horarios y rutinas de trabajo.

d. *Horizonte temporal:* Su horizonte temporal se limita al ciclo organizacional[19].

---

[18] Por ejemplo, de inicio de clases a vacaciones (para una institución educativa); de toma de posesión a último informe (para el gobierno federal); de diseño a fabricación del producto (para una fábrica de autos); de tiempo de siembra a tiempo de siembra (para un rancho agrícola), etc.

[19] Es decir, al tiempo que define y completa el proceso total propio de la organización: seis

La organización

Y concibe a la organización:

a. *Naturaleza:* Se le ve como un conjunto de actividades y puestos, fijos y oficiales, insertos en una estructura firmemente ordenada y organizada.

b. *Enfoque:* Enfocada al dominio y la maestría de cada una de las actividades que se realizan y a la división, estructuración y asignación de éstas de acuerdo con ese dominio y maestría.

c. *Características distintivas:* Cuya naturaleza, eminentemente impersonal y general, estabiliza y protege de idiosincrasias o particularidades personales y de la arbitrariedad o caprichos de los demás. Y le permite codificar todos los aspectos relevantes de la realidad y todas sus repercusiones y respuestas potenciales, previamente a que sucedan.

d. *Productos y resultados:* Que logra, cuasi automáticamente, en los tiempos programados y previstos, los resultados indicados con, precisamente, las características estipuladas.

El medio ambiente

Y concibe el medio ambiente como:

---

meses o un año para las instituciones educativas; seis años para el gobierno federal y en cierta forma, para el país; de tres a cuatro años para la fábrica de autos; y, dependiendo de su localización y de lo que se siembra, seis meses o un año para el rancho agrícola, etc.

a. *Naturaleza:* Es una esfera de actividad separada e independiente.

b. *Características distintivas:* En sus aspectos relevantes, está ya previamente codificado e incorporado a los procedimientos de operación estándar de la organización.

c. *Manejo o administración:* Se le ignora, por considerar que sus aspectos relevantes están ya considerados e incorporados a los procesos organizacionales normales.

Acciones y comportamientos

Las acciones y los comportamientos –*procedimientos de operación estándar*– se han establecido previamente para cada uno de los roles o puestos, independientemente de quiénes los ocupen en un determinado momento. La meta individual es la realización de las actividades asignadas al puesto, observando normas y procesos[20].

De la misma forma, se han definido previamente las acciones y comportamientos de acceso a procesos y servicios organizacionales –*trámites*– así como los requisitos correspondientes.

Como para esta dimensión sólo es real lo que es documentable, lo que ha sido convertido a un escrito o evidencia en el papel, las acciones deben quedar plenamente documentadas. El archivo constituye la memoria organizacional.

---

[20] La proliferación de normas, reglas y procedimientos puede dar como resultado que se tenga que realizar una amplia interpretación previa de cuáles y cómo se aplican. Esto puede dar lugar a un gran margen de maniobra para quien las interpreta, esencialmente liberándole de algunas o muchas restricciones para su actuación y subvirtiendo en el fondo, para quien depende de dichas interpretaciones, la estabilidad, generalidad, impersonalidad y certidumbre del comportamiento organizacional; y, para la propia organización, el control y la estandarización de los comportamientos de sus agentes (Lipsky, 1980).

Toda acción es, en suma, inválida si no está incluida en el elenco de procedimientos de operación estándar e inexistente si no está documentada subsecuentemente.

Para ilustrar algunas de estas acciones y comportamientos en la dimensión estructural pueden incluirse:

Planeación

Aunque, generalmente, existe un área de jurisdicción claramente responsabilizada (Dirección o Departamento de Planeación) la planeación organizacional está previamente codificada en los manuales de la organización. Por ello, la mayoría de las actividades de planeación suele enfocarse en la programación y limitarse al establecimiento de fechas y cronogramas de trabajo, flujos de efectivo, etc.

La planeación, en suma, la realizan los titulares o responsables del área y su objetivo es asegurar el cumplimiento de responsabilidades y tareas.

Evaluación

La evaluación *institucional* es innecesaria, puesto que todo está previamente codificado y, al cumplirse con las funciones y tareas preestablecidas, la organización cumple, incuestionable y automáticamente, con su razón de ser.

En cambio, esta dimensión considera indispensable la evaluación *individual* tanto para establecer la idoneidad de las personas para los puestos que ocupan, como para asegurar que están realizando las tareas asignadas de la manera prescrita, que generalmente se resuelve a través del control.

Generalmente esta evaluación se realiza utilizando exclusivamente indicadores indirectos preferiblemente documentales: Títulos, diplomas, certificados y cartas de recomendación para determinar idoneidad; e informes, registros de asistencia, etc. para el cumplimiento de tareas asignadas.

Control

El control individual es indispensable. Para ello la organización desarrolla reglas y procedimientos que le permiten tanto establecer como documentar dicho control: Relojes marcadores, permanencias, distribución de tiempos, informes, etc.

Como esta dimensión opera, como se ha dicho, fundamentalmente a través de indicadores indirectos, más que el cumplimiento de responsabilidades lo que se atiende es el cumplimiento del proceso de control y, especialmente, la documentación de ese cumplimiento. Hay un cuidado especial en reflejar y difundir esos controles en las memorias y mapas organizacionales (archivos, expedientes y documentos institucionales).

El control de procedimientos y procesos se ha fortalecido con las nuevas tecnologías de información que impiden variantes no codificadas previamente[21].

---

[21] Las nuevas tecnologías de información –que en realidad no hacen sino permitir la digitalización de la codificación organizacional previa– reflejan ahora con toda la rigidez y la impersonalidad propias de esta dimensión al mismo tiempo que le confieren una primacía inusitada al proceso y sus normas por sobre la estructura de puestos o roles y su toma de decisiones: "el sistema" no permite excepciones ni variantes aún si son autorizadas por quienes detentan los puestos más altos.

Por ejemplo, el director de carrera no puede autorizar –no importan sus razones para tratar de hacerlo– la inscripción de un alumno en asignaturas que el sistema no le permite; el director de un banco no puede ajustar ni sus tasas de interés ni los saldos mínimos requeridos en cuentas de cheques para un cliente, por importante que sea o por razonable que esto le parezca.

Autoridad

La autoridad la confiere el rol o puesto y está piramidalmente jerarquizada y distribuida. Aunque la organización es, por definición, una estructura rígida donde la autoridad fluye a través de los diversos niveles jerárquicos, en realidad la autoridad está claramente distribuida y delegada, para ejercerse según las situaciones previamente identificadas y codificadas por los procedimientos de operación estándar de la organización. El ejercicio de la autoridad se destaca particularmente en actividades de control, de interpretación de normas y reglamentos y de resolución de desacuerdos en niveles jerárquicos inferiores.

Liderazgo

El concepto mismo de liderazgo, tal y como se concibe en la dimensión personal o como promueve la escuela o corriente de relaciones y recursos humanos es incomprensible e innecesario en esta dimensión, aunque evidentemente pueda identificarse al jefe con un líder formal.

Toma de decisiones

Al codificar previamente todas las instancias posibles de la realidad, la dimensión estructural minimiza la necesidad de toma de decisiones, puesto que las alternativas y las condiciones en que se pueden y deben adoptarse los diversos cursos de acción están también codificadas y por lo tanto, limitados los márgenes individuales para la toma de decisiones.

De hecho, como se ha comentado previamente, las nuevas tecnologías de información, al permitir computarizar los procedimientos de operación estándar organizacionales hasta en sus expresiones más mínimas, generalizarlos y llevarlos aún a los rincones más remotos de la organización, reducen todavía más el margen para la toma de decisiones al impedir que ejecutivos –aún de altos niveles– tomen decisiones que contravengan la normatividad en lo más mínimo porque los procesos y sistemas computarizados rechazan absolutamente todo tipo no previsto de variantes.

No obstante y aunque encubiertas, algunas de las áreas más importantes de toma de decisiones en esta dimensión se encuentran en la interpretación de códigos y reglamentos; en la determinación de su aplicabilidad; y, en general, en el establecimiento de una correspondencia entre los lineamientos documentales de la organización y la realidad[22].

Comunicación

La comunicación organizacional es fundamentalmente documental. Más que comunicar o informar, sirve para cumplir la función notarial

---

[22] En esta dimensión, el margen de maniobra en la toma de decisiones está centrado en la incorporación de la realidad externa a la estructura procesal y documental de la organización: Al identificar a una persona real con una etiqueta organizacional automáticamente no sólo se le confiere existencia organizacional sino que se le asignan los deberes y obligaciones que indica la reglamentación para dicha etiqueta. De la misma manera, al identificar una petición externa y designarla con el nombre de un trámite o proceso, no sólo se le da entrada, sino que se le indican todos los pasos a seguir. Es en esta identificación y en esta designación donde residen algunos de los pocos márgenes para la toma de decisiones en esta dimensión.

Por ejemplo, un director de carrera decidirá si un alumno recibe la etiqueta de *alumno condicional* o no. Al decidir etiquetarlo de esta manera, el alumno quedará automáticamente sujeto a toda la reglamentación correspondiente al alumno condicional; igualmente, la designación –justa o injusta– de un buró de crédito afectará no sólo si una persona recibe o no un préstamo, sino potencialmente las condiciones de éste; finalmente, el hecho de que un burócrata gubernamental de bajo nivel pueda clasificar a una persona como *migrante* o como *refugiado*, puede cambiar radicalmente el futuro y la vida de esta persona.

de dar fe y dejar memoria de las actividades organizacionales y del cumplimiento de normas y procedimientos.

El mapa comunicativo coincide con el organigrama. La comunicación es vertical y tanto ascendente como descendente; siempre funcional (es decir, directa y exclusivamente relacionada con la tarea y los procedimientos de operación estándar).

El lenguaje suele ser un idioma propio, ad-hoc, desarrollado a partir de la nomenclatura, la normatividad y la codificación particulares de cada organización[23].

Conflicto

En la dimensión estructural el conflicto se contempla meramente como un error personal y transitorio.

Los manuales y reglamentos organizacionales están codificados de tal manera que, definidas claramente las tareas y las áreas de responsabilidad, el conflicto sea estructural y procesalmente inconcebible.

Si llega a suscitarse se explica como una anomalía extraordinaria debida a una disfunción personal –un problema del individuo específico y no de la organización, sus estructuras o sus procesos– que puede solucionarse reemplazando al individuo en cuestión.

---

[23] Este lenguaje –que llega a adquirir un tono cuasi legal– gira en torno a conceptos claves y precisos para esa organización, como pueden ser, por ejemplo, *alumno condicional, reprobado o graduado* para una institución educativa; *derechohabiente, cotización o incapacidad* para el Instituto Mexicano del Seguro Social (IMSS); o *ciudadano, residente, inmigrante, indocumentado o turista* para un gobierno nacional.

Cambio

La estabilidad definitoria de esta dimensión, hace imposible e inconcebible el cambio desde adentro. Por ello, los cambios organizacionales en la dimensión estructural sólo pueden generarse como una modificación iniciada y ejecutada por agentes externos, generalmente ante presiones muy fuertes del medio ambiente.

En esta dimensión al cambio se le conoce como reforma.

Las reformas suponen la recodificación total o parcial de la realidad en nuevas estructuras, roles o papeles, reglas y procedimientos de operación estándar, etc., equivalentes al establecimiento de una nueva organización.

A menos que la presión y el esfuerzo externos se mantengan por el tiempo suficiente, las reformas, aún tiempo después de haber sido iniciados con aparente éxito, suelen no prosperar y las organizaciones suelen regresar a su situación habitual anterior y retoman sus procedimientos de operación estándar previos.

Incertidumbre

Toda la dimensión estructural se orienta al rechazo de la incertidumbre. Es precisamente la búsqueda constante de una certidumbre y estabilidad permanentes lo que conduce a la exigencia de codificar *total y previamente* la realidad y sus demandas potenciales.

En ese sentido, se supone que la organización ya está preparada para lo inesperado y tiene establecidos los mecanismos y los procedimientos para enfrentarlo y resolverlo.

Esto explica por qué se tienen tantas normas y procedimientos para casos que nunca se han presentado *–todavía*. También explica la gran incertidumbre generalizada que toda reforma provoca en los miembros de la organización.

Para la dimensión estructural, roles, procesos, estructuras, normas y comunicación –entendida como documentación– cumplimiento, control e incertidumbre –entendida como mecanismos para evitarla o negarla– son especialmente significativos.

D. Dimensión política

Visión global

La dimensión política es la dimensión que se enfoca en el poder y en su ejercicio, así como en los medios para mantenerlo e incrementarlo. Para esta dimensión todo tiene sentido en función del mantenimiento y el incremento del poder.

Valora el poder, la incertidumbre, la negociación, el dominio de personas y de grupos, la predictibilidad en los comportamientos ajenos y la impredecibilidad en los propios. No valora las jerarquías en sí –que se ven como algo coyuntural, negociable y transitorio– sino en tanto que herramientas para el mantenimiento y el incremento del poder.

Exige capacidad para operar en condiciones de gran incertidumbre; capacidad de negociación; y una gran flexibilidad ante objetivos y valores, sacrificando potencialmente lo deseable por lo posible.

Para esta dimensión el ser humano es un agente libre que continuamente está negociando sus propios comportamientos.

El mundo no es sino una arena política integrada por una diversidad de personas y de grupos con objetivos e intereses diversos y con grados de poder también diversos –un poder relativo que siempre se busca incrementar.

La organización misma es una arena política en continuo flujo y transformación, donde absolutamente todo es negociable; donde todo puede ser una herramienta para mantener e incrementar el poder; y donde los tiempos coyunturales precisos son claves para decidir no sólo el cuándo sino el contenido mismo de las acciones potenciales.

Valores, concepciones, premisas

El ser humano

La dimensión política concibe al ser humano con las siguientes características definitorias:

a. *Naturaleza:* Se considera como un ser eminentemente político[24]: Un agente libre, en negociación constante de sus conductas.

b. *Orientación o enfoque:* Que se enfoca al ejercicio y al acrecentamiento de su poder[25].

c. *Características distintivas:* Cuya naturaleza política lo conduce a convertir todo en instrumento o herramienta para el mantenimiento o acrecentamiento de ese poder.

d. *Interacciones:* Cuyas interacciones y relaciones con los demás se dan fundamentalmente a través de la negociación, la confrontación, la alianza y el conflicto.

e. *Participación organizacional:* Y cuya participación en la organización se da como una negociación continua y permanente de comportamientos propios y ajenos.

---

[24] El animal político aristotélico: *Zoon politikon* (Aristóteles: *Política*).

[25] Poder se entiende como la capacidad para hacer que otros actúen de una manera en la que, por sí mismos, no habrían actuado (Dahl, 1957).

El tiempo

Su concepción del tiempo es:

a. *Naturaleza:* Se percibe como instantáneo y coyuntural –y sin una continuidad aparente que ligue los diversos instantes.

b. *Características distintivas:* Exige una alta sensibilidad para reconocer la coyuntura precisa, la combinación favorable de oportunidades y de elementos para la acción, puesto que actuar en el momento justo constituye la diferencia entre lo posible y lo imposible.

c. *Manejo o administración:* Se maneja como una herramienta más para el mantenimiento y acrecentamiento del poder.

d. *Horizonte temporal:* Su único horizonte temporal es el instante presente mismo.

La organización

Y concibe a la organización:

a. *Naturaleza:* Se considera como un conjunto inestable de coaliciones y grupos con grados diversos de poder relativo y con objetivos e intereses también diversos.

b. *Enfoque:* Orientada al mantenimiento o al incremento del poder interno y externo del grupo dominante y al mantenimiento del equilibrio de fuerzas.

c. *Características distintivas:* Cuya naturaleza, eminentemente política, le imprime un carácter altamente variable, impredecible y en flujo continuo.

d. *Productos y resultados:* Y limita sus productos a la esfera de lo posible y no de lo deseable puesto que son resultantes coyunturales –no siempre intencionales o buscados– de las interacciones entre los grupos y coaliciones.

El medio ambiente

Y concibe el medio ambiente como:

a. *Naturaleza:* Es una fuente adicional de poder y una fuente potencial de alianzas y coaliciones.

b. *Características distintivas:* Es, como la propia organización, variable, impredecible y en flujo continuo.

c. *Manejo o administración:* Se busca tener el mayor dominio posible (a través de alianzas, negociaciones, etc.) sobre las fuentes de recursos esenciales para la organización y de quienes las controlan, así como de aquellos grupos externos que puedan fortalecer o debilitar al grupo o coalición en el poder.

Acciones y comportamientos

En esta dimensión, toda acción, todo comportamiento, tiene, potencialmente, un valor y un costo políticos. Tanto los individuos como los grupos actúan como agentes libres que sin cesar negocian sus comportamientos para la consecución de sus propios fines u objetivos (Crozier, 1964).

Las acciones y comportamientos son, por lo tanto, el resultante, no siempre buscado, de conflictos, negociaciones y equilibrios de fuerza. Por ello se dice que dichas acciones y comportamientos se llevan a cabo en el dominio de lo posible y no necesariamente de lo deseable.

Entre estas acciones y comportamientos, vistos desde esta dimensión, pueden comentarse:

Planeación

La planeación, en cuanto programa de acción *organizacional*, es inexistente o superflua.

La organización actuará según el resultado del equilibrio de fuerzas y no según un plan establecido; a menos que haya un grupo o coalición claramente dominante con poder suficiente para imponerla y llevar a cabo sus propios planes[26], en cuyo caso, tenderá a la consecución de los objetivos particulares de dicho grupo o coalición dominante.

Adicionalmente, podrán darse casos en los que se tenga la fuerza política para establecer los planes y programas, pero no para llevarlos a cabo.

Ello no quiere decir, sin embargo, que las diversas coaliciones o grupos en la organización no realicen y ejecuten planes para mantener o incrementar su poder, debilitar a oponentes o para alcanzar sus propios objetivos particulares.

Evaluación

Como toda acción tiene un valor y un costo políticos, la evaluación, de la misma manera que la planeación, es inexistente o superflua, a menos que haya un grupo o una coalición a la que convenga y, que al mismo tiempo, tenga suficiente poder para imponerla.

---

[26] Generalmente se reconoce que se requiere de mayor poder para lograr algo que para impedir que algo se haga.

Cuando éste es el caso, la evaluación rara vez tiene como objetivo la optimización de procesos y productos organizacionales, sino la posibilidad de utilizar sus resultados para incrementar el poder del grupo que la impone, protegerlo o glorificar sus propios logros; o para desacreditar a coaliciones o grupos contrarios.

Control

El control organizacional se ejerce a través de los grupos o coaliciones constituidos y se entiende como la capacidad de éstos para imponer disciplina y generar los comportamientos individuales y colectivos negociados o dictados por el equilibrio de fuerzas imperante.

El control de los comportamientos y las acciones de los individuos real o nominalmente miembros de los grupos o coaliciones es una de las fuentes fundamentales de poder de éstos: en la medida en que se puedan obtener los comportamientos deseados o convenidos de sus miembros, podrán éstos negociarse.

La falta de disciplina de los miembros indica debilidad del grupo o coalición y la escasez de poder de sus dirigentes por su falta de control.

Autoridad

La autoridad la confiere el poder y tendrá mayor autoridad quien mayor poder detente. Esta autoridad será tan amplia o tan limitada como el poder del individuo y/o de los grupos o coaliciones que lo apoyan.

En ese sentido, habrá diversas fuentes y más de una figura de autoridad en la organización, cada una de ellas con una autoridad relativa al poder que la apoya y con mayor autoridad en algunas áreas que en otras. Frecuentemente, las negociaciones entre los grupos establecen los límites y condiciones del ejercicio de esa autoridad, aún para la máxima autoridad concebible dentro de la organización.

Liderazgo

El liderazgo organizacional, generalmente, no es cualidad personal, sino reflejo de la estructura de poder imperante.

Existe, sin embargo, la posibilidad inversa: Alguien cuyas cualidades personales (habilidades, conocimientos o personalidad carismática, por ejemplo) lo lleven al liderazgo de un grupo y ese liderazgo sea, precisamente, lo que le confiera poder[27].

Toma de decisiones

La distribución de fuerzas, según la estructura de poder de la organización, determinará el número de los centros de toma de decisiones y el contenido y el alcance de éstas.

Comunicación

La información es poder y, por lo tanto, se buscará el control, tanto de las fuentes como de los canales de información o, en su defecto, la cercanía con la fuente informativa y la inclusión en sus redes o canales.

---

[27] Es significativo cómo las percepciones propias y ajenas pueden constituir, por sí mismas, una fuente adicional de poder: Cuando un grupo de personas (aún equivocadamente) considera que alguien tiene poder convierte a esa persona, por ese solo hecho, en una persona con mayor poder al que habría tenido sin esa percepción.

De la misma manera, algunas personas que (también aún equivocadamente) consideran tener mayor poder que el que verdaderamente tendrían, solamente por ello, suelen incrementarlo.

La comunicación es uno de los instrumentos más importantes para la manipulación. La información se administra a través de su difusión en versiones incompatibles o contradictorias; su parcialización; su omisión; el control de su enfoque; el desmentido; el control de sus canales formales o informales; y hasta del uso mismo del rumor.

En esta dimensión se evita a toda costa comprometerse – especialmente de manera documental– con posturas que no permitan la ambigüedad o el desmentido posterior, porque toda definitividad como toda certidumbre implica una pérdida potencial de poder.

A medida que las tecnologías de la información dificultan con su inmediatez e informalidad la estructuración y revisión *previas* de los contenidos de la comunicación, se han desarrollado procesos de control *posterior* a través de una re-significación de la comunicación por parte de un vocero corrector, re-intérprete, intérprete *a posteriori* o *spin-doctor*.

El lenguaje maximiza la ambigüedad para poder permitir –en caso de ser necesario en el futuro– una reinterpretación todo lo diferente que se requiera o, incluso, el desmentido.

Conflicto

Para esta dimensión, dada la diversidad de intereses y objetivos individuales, grupales y organizacionales, el conflicto es el estado natural en las interacciones humanas, tanto a nivel personal y grupal, como e intra- e inter-organizacional.

Fuente de poder, el conflicto debe ser administrado, nunca resuelto.

Cambio

Los cambios organizacionales reflejan tanto el dinamismo propio del equilibrio inestable de fuerzas relativas, como el esfuerzo o la preocupación por no desestabilizar demasiado la organización y romper ese equilibrio. Su ruptura indica revolución, y en una revolución ninguno de los individuos y grupos que detentan el poder tiene asegurada su permanencia. Por ello, aún en los casos en los que exista un grupo o coalición dominante, éste podrá considerar como esencial para su supervivencia mantener ese equilibrio que, precisamente, le ha permitido adquirir la supremacía.

Son posibles, sin embargo, los cambios revolucionarios, es decir, aquéllos que traen consigo una redefinición total no sólo de las fuerzas relativas, sino de la composición misma de los grupos o coaliciones. Estos cambios tienden a ser generados por los grupos o coaliciones marginales o fuera del poder que esperan conquistar ese poder, precisamente, con dichos cambios.

Este tipo de cambios pueden resultar de crisis organizacionales graves o de la incorporación a la organización de todo tipo de innovaciones (tecnológicas, de sistemas administrativos o gerenciales, de sistemas de mercadotecnia, compras, etc.) que alteren o trastoquen el equilibrio imperante[28].

Incertidumbre

La incertidumbre es una fuente de poder para quien la controla. Y la controla quien hace predecibles los comportamientos ajenos; quien tiene un amplio margen de maniobra para su propia actuación; quien

---

[28] Recuérdese el caso estudiado por Crozier (1964) en donde son los administradores y no los ingenieros quienes quieren forzar la renovación tecnológica de la empresa, con la compra de nuevos equipos –a lo que los ingenieros se oponen. En realidad, lo que los administradores buscan lograr con ello es debilitar el poder de los ingenieros quienes –habiendo desaparecido los planos de los viejos equipos– son los únicos capaces de operarlos y manejarlos.

interpreta con exclusividad la realidad externa; quien asegura o hace predecibles los comportamientos de fuentes externas de recursos o insumos; quien sea el experto en áreas centrales para la organización; etc.

"La predictibilidad del comportamiento de alguien es la mejor prueba de su inferioridad [política]" (Crozier, 1964:158). En la medida en la que alguien pueda hacer su comportamiento impredecible o tenga un margen de maniobra para actuar y decidir tendrá poder.

Asimismo, tendrá poder si puede predecir –es decir, controlar– los comportamientos ajenos. Esta incertidumbre, tanto del comportamiento individual y grupal, como del medio ambiente, en áreas relevantes para la organización o para sus grupos y coaliciones, aumenta la dependencia de quienes no pueden controlarla en quienes sí pueden y, en la misma proporción, aumenta el poder de éstos sobre aquéllos.

El poder, la negociación, el control, la información, el conflicto, la ambigüedad y la incertidumbre son especialmente importantes y significativos para esta dimensión.

E. Dimensión Simbólica

Visión global

La dimensión simbólica es la dimensión que se enfoca en los significados generados por las cosas y en las representaciones internalizadas que de ellas se hacen las personas, más que en las cosas mismas. Exige una visión sintética y concreta y una gran capacidad de respeto a las formas.

Valora la armonía, la concreción, el buen nombre, la belleza, el equilibrio, la simetría.

Para esta dimensión, el ser humano es un ser simbólico –que se relaciona con el mundo y las cosas en función de las imágenes que de ellos se ha hecho. Las cosas se contextualizan al adquirir su significado concreto y las abstracciones y las generalidades se vuelven concretas y particulares al entrar en este sistema de símbolos.

A diferencia de las otras dimensiones, en ésta el mundo externo se percibe como impredecible, caótico y especialmente irracional. Se le ordena y se le da sentido a través de la coherencia y del significado que se le confiere y ésta es la única forma de control que el ser humano tiene sobre el mundo y las cosas[29].

---

[29] El único control que el ser humano tiene sobre el terremoto, por ejemplo, es explicándoselo y asignándole el significado correspondiente. En ese sentido, da lo mismo pensar que es producto de la ira de los dioses o del choque de las capas tectónicas.

La organización es un conjunto de símbolos: ritos, ceremonias, héroes, leyendas, etc., cerrada a su propio sistema de significados, y en el que el énfasis está en lo interno más que en lo externo, en el generar sentido más que en el hacer o producir cosas, aunque también se haga o se produzca.

Valores, concepciones y premisas

El ser humano

La dimensión simbólica concibe al ser humano con las siguientes características definitorias:

a. *Naturaleza:* Se le considera como un ser simbólico[30]. No ve las cosas por lo que son sino por lo que le que significan.

b. *Orientación o enfoque:* Que está enfocado a darle sentido y significado a su realidad, como la única manera de controlarla en toda su irracionalidad.

c. *Características distintivas:* Transforma la realidad en lo que le significa por lo que no ve ni trata con los elementos mismos que la constituyen (objetos, personas, acciones, etc.), sino con las ideas, las opiniones y las fantasías que de ellos se ha formado[31].

d. *Interacciones:* Cuyas interacciones con esa realidad se dan a través de los actos que confieren significado: la interpretación, los símbolos, las ceremonias, las investiduras, los ritos, etc.

e. *Participación organizacional:* Y cuya participación en la organización se da a través de una investidura específica, para

---

[30] El animal simbólico (*animal simbolicum*) de Cassirer (1945).

[31] "Lo que perturba y alarma y al hombre no son las cosas, sino sus opiniones y figuraciones sobre las cosas" (Epícteto, citado por Cassirer, 1945:48).

conferir significado y sentido a lo que en ella se hace y se logra; o para hacer posible que alguien se los confiera.

El tiempo

Su concepción del tiempo es:

a. *Naturaleza:* Se contempla como circular petrificado (tiempo ceremonial) o se asume como inexistente (atemporalidad).

b. *Características distintivas:* Cuando el tiempo se reconoce es porque forma parte del ritual de la organización.

c. *Manejo o administración:* Se maneja por sus significados: aniversario, conmemoración, memoria, modernidad, etc.

d. *Horizonte temporal:* El horizonte temporal real simplemente no existe (atemporalidad) o se reduce a calendarios circulares rituales (tiempo ceremonial) que no se perciben como realmente temporales, aunque se utilicen referencias verbales a todo tipo de horizontes.

La organización

Y concibe a la organización:

a. *Naturaleza:* Se le considera, esencialmente, como un conjunto significante de ritos, símbolos, héroes, ceremonias, etc.

b. *Enfoque:* Que se enfoca al mantenimiento y a la generación de significados.

c. *Características distintivas:* Cuya naturaleza, eminentemente simbólica, permite que sus acciones y comportamientos no sean necesariamente racionales, predecibles, definidos o en relación causa/efecto con lo que se supone consiguen. Y le permite operar como un oasis cuasi mágico en un mundo que dista mucho de ser predecible o racional.

d. *Productos y resultados:* Independientemente de los servicios o de los productos físicos que produzca, si alguno, su producto real es el dar sentido y significado a todo lo que hace –tanto por lo que se refiera a acciones y comportamientos, como a objetos y resultados

El medio ambiente

Y concibe el medio ambiente como:

a. *Naturaleza:* Es irracional, impredecible e indefinido.

b. *Características distintivas:* Pero forma parte del escenario significante en el que opera la organización. Genera significados con los que se entiende y valora a la organización por lo que es una fuente muy importante de legitimidad.

c. *Manejo o administración:* Se desarrollan y se realizan los ritos y las ceremonias indispensables demandados por éste. En el fondo se trata de intercambios de significación –para los que se utilizan los símbolos apropiados exigidos.

Acciones y comportamientos

"Ser racional en un mundo irracional, simplemente no es racional" (Orton, 1970): La falta de consistencia racional en el mundo y la falta de seguridad en la relación causal entre acciones y resultados hace que todas las acciones y todos los comportamientos adquieran características de ritos y ceremonias, cuyos productos principales son, precisamente, los significados que generan.

En el ceremonial simbólico se reconocen, a título ilustrativo, como acciones y comportamientos organizacionales:

Planeación

La planeación es la ceremonia que permite darle a la organización un sentido de orden; de que se tiene al futuro bajo control.

Externamente permite a la organización proyectar una imagen de efectividad y eficiencia en el presente y de seguridad y estabilidad en el futuro.

En esta dimensión, generalmente los planes no van más allá del proyecto documental, puesto que rara vez o nunca existe la determinación o la necesidad de ejecutarlos: La mera elaboración de esos planes y proyectos satisface, por sí misma, el rito organizacional, al generar el significado apropiado de un futuro sin sorpresas, completamente bajo control.

Evaluación

Al igual que la planeación, la evaluación en todos sus niveles (evaluación del desempeño individual, evaluación de programas o evaluación institucional) es un rito o una ceremonia que cumple tanto funciones de confirmación simbólica de que se está haciendo lo debido, como de legitimación. La evaluación, así, confirma la seriedad de la organización y contribuye a mantener o incrementar la confianza que sus miembros tienen en sus propias labores y la que el medio ambiente deposita en la organización.

Control

El control organizacional es ritual: Aquellas personas que tienen que ejercer, por investidura, el control de las actividades y del personal, realizan externamente todos los actos asociados con ese control (por ejemplo, se entrevistan regularmente con sus subalternos –aunque en dichas entrevistas se discuta el clima; se realizan las visitas o giras de inspección correspondiente –aunque no se inspeccione nada; se elaboran los documentos pertinentes –aunque sólo se hagan para el archivo; etc.); sin que de estos actos se derive otra cosa que el significado de que existe un control organizacional.

Autoridad

Generalmente, la figura de autoridad tiende a coincidir con la indicada en el organigrama y conferida por la investidura (puesto o rol): En un mundo de símbolos, la jerarquía organizacional es uno de los símbolos más fuertes –si alguien ocupa la posición de jefe seguramente será porque debe ocuparla.

Una de las actividades centrales de quienes ejercen la autoridad en esta dimensión es la de ser intérpretes u oráculos de la realidad; la capacidad para lograr que lo que se hace y lo que pasa tenga verdaderamente sentido para los miembros de la organización y se integre, armónicamente, con todo lo ocurrido e interpretado previamente; con todo el historial significante de la propia organización.

Pueden darse casos de que esa función de intérprete o de oráculo sea mejor desempeñada por alguien que no forma parte de la jerarquía del organigrama. En este caso, los miembros de la organización implícita y operativamente le otorgan la autoridad correspondiente, constituyendo una de las pocas excepciones en la que posición jerárquica y autoridad no coinciden.

Liderazgo

El liderazgo tiende a depositarse en la(s) figura(s) oficiales de autoridad organizacional y los miembros de la organización suelen investir a sus líderes con capacidades o cualidades que, personalmente, quizás no posean.

Adicionalmente, los intérpretes u oráculos que no forman parte de la jerarquía organizacional suelen convertirse en líderes efectivos y potencialmente poderosos simplemente por la investidura implícita que reciben del personal destinatario de dichas interpretaciones[32].

Toma de decisiones

La localización de los centros de toma de decisiones y el alcance de éstas son generalmente ambiguos y difíciles de definir.

Si en el mundo racional, al problema se le buscan soluciones; en esta dimensión prevalece lo contrario: Hay soluciones en busca de problemas (Bolman y Deal, 1980d); hay decisiones en busca de campos donde aplicarse; hay tomadores de decisiones en busca de ejercicio; hay juntas formales en busca de un orden del día,

---

[32] Esta capacidad de interpretación puede ser sorprendentemente poderosa: En una organización, uno de sus miembros, marginal y alejado de toda toma de decisiones, se convierte en una figura sumamente importante por su capacidad de darle sentido a las decisiones de su director –que la gente percibía como irracionales y erráticas. Al explicarlas, dándoles verdadero sentido para los demás, los miembros de la organización principian a sospechar que, en realidad, es esta persona la que está detrás del director dictándole directrices. Lo que acaba finalmente por convertirse en realidad.

convirtiéndose las juntas en mecanismos que encuentran problemas para las soluciones que ya se tienen (March y Olsen, 1976).

Comunicación

La comunicación formal es uno de los ritos especialmente importantes para esta dimensión. En ella, la comunicación ni informa, ni expresa, ni documenta, ni manipula: Repite y al repetir, confirma y asegura indirectamente –mediante la reiteración de fórmulas esperadas y prescritas– que todo sigue en armonía y bajo control, conservando su mismo sentido y significado.

Estas fórmulas prescriben rigurosamente tanto un contenido, un tono y un significado, como los emisores, canales y receptores apropiados.

Es una comunicación sintética[33], y por lo tanto, indirecta y apoyada en la alegoría, la metáfora, el símbolo o la concreción del ejemplo.

La historia de la organización –un elemento significativo muy importante que se maneja regularmente– habla de héroes (el fundador, el que salvó a la organización en tiempos de crisis) y villanos (el que la llevó al borde de la quiebra, el flojo, el que llega tarde); de epopeyas (cómo se enfrentó tal o cual crisis, cómo se creó tal producto o servicio); de oráculos (cómo se predijo la globalización y el éxito); etc. y se convierte en guía implícita del quehacer cotidiano.

---

[33] En contraposición con racional y analítica y no en su sentido de sintetizada sino de sumaria o total en una sola imagen completa, como puede lograrlo la metáfora.

En muchos sentidos el medio es el mensaje: las juntas, el acuerdo[34], las giras de trabajo o de inspección, confirman a los miembros de la organización que se están comunicando; que la organización funciona como se debe; y que los superiores se preocupan y atienden a sus subalternos.

El lenguaje suele ser un lenguaje que puede ir de lo repetitivo y petrificado a lo innovador y creativo, dependiendo de las exigencias del acto comunicativo.

Cuando no se trata de fórmulas repetidas y compartidas, la comunicación simbólica suele incluir también los parámetros mismos con los que debe ser interpretada[35].

Conflicto

En esta dimensión, el conflicto no existe. Si algo se parece a un conflicto, las apariencias engañan. Lo que en otras dimensiones sería percibido como conflicto organizacional, en ésta tiende a ignorarse como tal o a resolverse más a través de la explicación, la negación o el subterfugio que a través de la confrontación racional, el acuerdo personal o la negociación política.

La tendencia más frecuente es ignorarlo o mostrar su inexistencia a través de una interpretación que armonice o integre ambas perspectivas y que explique cómo en el fondo no existe un conflicto. Reconocerlo implicaría admitir que la armonía organizacional se ha

---

[34] Entendido como la reunión –generalmente periódica y programada– de un jefe con uno o varios de sus subalternos ostensiblemente para indicar cursos de acción o, excepcionalmente, acordarlos.

[35] Por ejemplo: "Como el primer presidente en la historia..."; "En la búsqueda de una mayor justicia..."; "Nunca antes, en los cien años de historia de este lugar..."; "Estoy dispuesto a reunirme nuevamente con ustedes"; etc.

roto (es decir, perder un símbolo central) o, aún más grave, enfrentarse a una realidad con dos concepciones o interpretaciones del mundo, incompatibles y en conflicto.

Cambio

El cambio real es una actividad extraordinariamente problemática para esta dimensión. Si bien, el cambio aparente, en tanto ceremonia organizacional que significa actualización y dinamismo y es un rito periódico que ejecutan todas las "organizaciones modernas" se realiza; el cambio real puede trastocar procesos y estructuras significantes, y amenazar los marcos simbólicos de los participantes.

Al mismo tiempo, si se realizan los cambios y éstos no traen consigo los resultados esperados (como puede ser frecuente en cualquiera de las dimensiones), sólo se confirmará la irracionalidad del mundo; la falta de relación causal entre actividades y objetivos; y la necesidad de reforzar los marcos y las actividades previos al cambio.

Por todo ello, cuando se da, el cambio tiende a ser más subjetivo e interno (reajuste en el sentido o significado que se confiere a las cosas) que objetivo y externo (modificaciones reales a la organización y a su manera de operar) o simplemente cosmético, sin que de manera alguna sea fácil.

De darse un cambio real, la organización tendría un verdadero renacimiento, puesto que implicaría una modificación radical de todos sus marcos de referencia simbólicos, con el consecuente costo personal para todos sus miembros.

Incertidumbre

Sólo la dimensión estructural se acerca –y lejanamente– a la simbólica en su rechazo a la incertidumbre.

La dimensión simbólica integra sus marcos de referencia precisamente para resolverla. Y la resuelve con los ritos y las ceremonias correspondientes al área que genera esa incertidumbre (para inseguridad en el futuro: Planeación; para efectividad o eficiencia: Evaluación; etc.). Así la organización adquiere la sensación de control y certidumbre, asociando las áreas de incertidumbre a las acciones y comportamientos rituales correspondientes.

Entre todos los comportamientos organizacionales mencionados, para la dimensión simbólica la armonía y la coherencia, la autoridad vista como oráculo e investidura, la comunicación ritual y el conflicto –para negarse– se consideran como centrales.

Las dimensiones en contraste

Como se ha visto, cada dimensión se define por sus premisas, valores y comportamientos. Cada una difiere de las otras en su visión del ser humano, el tiempo, la organización, el medio ambiente y en los comportamientos resultantes de estas visiones totalmente distintas; en los segmentos diferentes de la realidad que a cada una le preocupan y, por lo tanto, atienden; y en la jerarquía y en la importancia que les conceden.

Las cinco dimensiones son igualmente válidas. Todas atienden provincias existentes e igualmente importantes de la realidad humana que requieren ser atendidas.

Ninguna es más o menos efectiva que las otras. Sin embargo, aparentemente los seres humanos tendemos a tener una preferencia marcada por algunas de ellas y una miopía igualmente marcada por algunas otras. Esta preferencia y esta miopía suelen ser inconscientes y generalmente no se hacen evidentes sino con la ayuda de talleres y actividades especiales ad-hoc o coaching. La miopía frecuentemente se pone más rápidamente en evidencia por la desatención que sufren las áreas importantes para esas dimensiones no vistas.

Sería imposible ser efectivo utilizando exclusivamente una o dos dimensiones por preferidas que pudieren ser para el ejecutivo o para la organización. No se trata de una elección del actor (ejecutivo u organización) sino de una respuesta efectiva a exigencias cambiantes de la realidad y del contexto, al tiempo que también se atienden las repercusiones que esta respuesta efectiva en alguna o algunas dimensiones pudieren tener en las dimensiones restantes.

Todas las dimensiones exhiben un continuo que va de un extremo positivo a uno negativo tomando exclusivamente en cuenta los valores y comportamientos de esa misma dimensión. Por ejemplo, en la

Dimensión Personal, todo lo que produce satisfacción entre los participantes es positivo; todo lo que produce insatisfacción es negativo. Todo lo que genera incertidumbre e inseguridad en la Dimensión Estructural es negativo; todo lo que cae claramente en sus procedimientos de operación estándar es positivo. En la Dimensión racional, todo lo identificable y cuantificable es positivo; todo lo indefinido y confuso es negativo.

Por otra parte, las interacciones entre dimensiones pueden ser disonantes: Por ejemplo, una retroalimentación en la Dimensión Racional –como no toma en cuenta aspectos emotivos y simbólicos por no considerarlos relevantes– puede disminuir la autoestima o causar resentimiento en la Dimensión Personal que la recibe como llamada de atención o como regaño; por otra parte esa misma retroalimentación si es hecha por un subalterno a un jefe (nociones de jerarquía de la Dimensión Estructural para las que la Dimensión Racional suele ser miope) puede verse como una falta de respeto desde la Dimensión Simbólica; etc.

En suma, idealmente se requeriría atender las cinco dimensiones y valorar las repercusiones que en una pueden tener las acciones vistas como indispensables en las otras dimensiones, porque las cinco dimensiones siempre están presentes todas.

Probablemente estos contrastes se vuelvan todavía más evidentes al estudiar los cuadros siguientes que, al resumir todo lo expuesto, contraponen las posturas de cada dimensión en relación con las otras:

El ser humano

Variable/ Dimensión	*Racional*	*Personal*	*Estructural*
Naturaleza	Ser racional: *Homo sapiens, animal rationabile, animal rationale*	Ser complejo: biológico, social, afectivo, racional, etc.	Ser actuante *Homo faber* definido por tarea y rol o papel.
Orientación o Enfoque	Metas y objetivos. Optimización.	Realización personal	Definición y dominio de roles y tareas.
Características distintivas	Alta capacidad de abstracción. Atención a variables relevantes.	Satisfacción de necesidades contribución personal como ser social.	Impersonal, certidumbre estabilidad, multitud de roles aislados
Interacciones	Como racionalidad interactuante	Como ser humano completo	En función del rol o papel
Participación organizacional	Racionalidad operante limitada a variables relevantes	Contribución creativa para realizarse en todo supotencial	En función del rol o papel

Variable/ Dimensión	*Política*	*Simbólica*
Naturaleza	Animal político: *Zoon politikon* Agente libre que negocia continuamente sus conductas	Animal simbólico: *Animal symbolicum* Transforma todas las cosas en símbolos
Orientación o enfoque	Mantener e Incrementar su poder	Dar significado como forma de control
Características distintivas	Todo es un instrumento para mantener e incrementar el poder	Transforma la realidad en lo que le significa, no con lo que es
Interacciones	Conflicto, negociación, alianza	Ritos, ceremonias investiduras
Participación organizacional	Según Negociación continua	Según investidura

El tiempo

Variable/ Dimensión	*Racional*	*Personal*	*Estructural*
Naturaleza	Objetivo y externo. Lineal	Subjetivo e interno. Quebrado y discontinuo	Objetivo y externo. Circular
Características distintivas	Irrepetible e irrecuperable	Vivido y personal	Se reinicia y repite según procesos organizacionales
Manejo o administración	Precisión y economía	Individual. Encuentros concertados con lo externo	Impersonal: Calendarios, horarios, rutinas y cronogramas
Horizonte temporal	Corto, mediano y largo plazos	Variable. Corto y mediano plazos	Ciclo organizacional

Variable/ Dimensión	*Política*	*Simbólica*
Naturaleza	Instantáneo, coyuntural y sin memoria	Circular ceremonial o atemporal
Características distintivas	Exige distinguir el momento preciso coyuntural	Elemento ritual
Manejo o administración	Instrumento, herramienta para mantener o incrementar el poder	Conmemoración: Aniversario, memoria, modernidad
Horizonte temporal	El instante presente	No existe: Tiempo ceremonial

La organización

Variable/ Dimensión	*Racional*	*Personal*	*Estructural*
Naturaleza	Agente. medio o instrumento	Agrupación de personas	Estructura fija de roles y proceso
Enfoque	Efectividad y eficiencia	Valor intrínseco. Satisfactor en sí mismo de necesidades	Cumplimiento de responsabilidades- y tareas
Características distintivas	Transitoria y sin inercia	Entidad social estable y participativa	Impersonal y general. Codificación total previa
Productos y resultados	Objetivos buscados	Múltiples satisfactores externos e internos formales e informales	Resultados programados en tiempo y forma

Variable/ Dimensión	*Política*	*Simbólica*
Naturaleza	Conjunto inestable de coaliciones	Conjunto de significados y símbolos
Enfoque	Mantenimiento o incremento del poder	Generación y mantenimiento de significados
Características distintivas	Variable, impredecible y en flujo continuo	Oasis cuasi mágico en un mundo irracional
Productos y resultados	Lo posible: Resultados coyunturales no buscados	Sentido y significado

El medio ambiente

Variable/ Dimensión	Racional	Personal	Estructural
Naturaleza	Contexto sistémico que le ofrece sus insumos y recibe sus productos	Entorno social de los miembros de la organización y del público servido	Esfera de actividad separada e independiente
Características distintivas	Cuantificable o medible	Influye en toda la vida de la organización y es influido por ella	Codificado previamente en las reglas y procedimientos de la organización
Manejo o administración	Como variable interviniente e interfiriente	Como extensión semi diferenciada de la organización	Se le ignora

Variable/ Dimensión	Política	Simbólica
Naturaleza	Fuente potencial de poder	Irracional, impredecible indefinido
Características distintivas	Impredecible variable y en flujo continuo	Marco de referencia y fuente de legitimidad
Manejo o administración	Con negociación o con alianzas: Se busca el control de fuentes de recursos y de actores claves	Con ritos y ceremonias apropiados

Acciones y comportamientos

Actividad/ Dimensión	*Racional*	*Personal*	*Estructural*
Planeación	Automática realizada por todos a partir del proyecto original.	Participativa y general. Planificador y ejecutor en la misma persona	Pre-programada: Cronogramas y horarios
Evaluación	Continua y ligada a la toma de decisiones.	Participativa y general. Evaluador y ejecutor en la misma persona. Genera aprendizaje.	Idoneidad y cumplimiento
Control	Externo: Innecesario. Interno: Individual y automático.	No existe control formal. Control informal por grupos de referencia.	Reloj checador, informes, sistemas digitales
Autoridad	La concede la razón y el conocimiento: Múltiple y transitoria.	La concede el grupo de referencia.	La concede el organigrama

Actividad/ Dimensión	*Política*	*Simbólica*
Planeación	Inexistente o superflua sin posibilidad de implementación	Ceremonia que da sentido al futuro y seguridad al presente
Evaluación	Inexistente o superflua a menos que haya un grupo fuerte que la use como instrumento de poder	Ritual que confirma que todo se hace como se debe
Control	A través de grupo o coalición: Disciplina partidista o grupal	Conjunto de rituales: Acuerdos, juntas, giras
Autoridad	La concede el poder del grupo	La concede la investidura y la capacidad de dar significado y sentido

Actividad/ Dimensión	*Racional*	*Personal*	*Estructural*
Liderazgo	Lo concede la razón: Múltiple y transitorio.	Ligado a la motivación. Situacional, diferenciado. Responde a necesidades y madurez del grupo.	Innecesario e incomprensible
Toma de decisiones	Cuasi matemática. Abierta al Cuestionamiento y a la confrontación. Busca optimizar y maximizar.	Participativa. Involucra a afectados. Busca satisfacer.	Previamente codificada por niveles jerárquicos. Limitada a clasificación y aplicación de normas y proceso
Comunicación	Información relevante. Datos. Lenguaje: Técnico.	Comunicación humana: Expresiva, afectiva, etc. Lenguaje compartido por el grupo de referencia.	Documentación: Confirma lo realizado. Memoria. Lenguaje *sui-generis* propio.
Conflicto	No existe o no se concibe.	Disfuncional. Insatisfacción personal. Falta de motivación.	Error personal: Falta de idoneidad o cumplimiento
Cambio	Automático, instantáneo sin inercia. Retroalimentación.	Gradual pero constante. Personal y organizacional Aprendizaje.	Ruptura: Reforma instigada externamente
Incertidumbre	La resuelve la razón.	La resuelve el grupo.	No existe.

Actividad/ Dimensión	*Política*	*Simbólica*
Liderazgo	Lo concede la estructura de poder imperante. Líderes natos tienen poder por serlo.	Lo concede la investidura y la capacidad de dar significado y sentido
Toma de decisiones	Variable y múltiple: Diversa en sus alcances y en dónde se toman.	Ambigua e indefinible: Soluciones en busca de problemas, decisiones en busca de aplicación
Comunicación	Manipulación: Ambigua y controlada. Sujeta a la interpretación y al desmentido	Formal y ritual: Sintética, metafórica y alegórica
Conflicto	Natural e inevitable: No se resuelve; se administra.	No existe: Se deben entender las cosas de otra manera
Cambio	Mantener el equilibrio inestable para evitar revolución	Difícil sino imposible: Subjetivo e interno.
Incertidumbre	Natural e inevitable: Fuente de poder y oportunidad	No existe.

4. Comportamiento organizacional

En la vida organizacional cotidiana, sin embargo, estas cinco dimensiones no se presentan así, aisladas, puras y por separado sino juntas, mezcladas y todas a la vez –si bien, con grados desiguales de influencia y de presencia en cada organización.

Si una vez presentadas cada una de las cinco dimensiones – artificialmente por separado–se retoma ahora el caso de la Nueva Coca (Oliver, 1986) aludido en la introducción, se apreciarán claramente las contribuciones desiguales pero continuamente integradas de las cinco dimensiones y su influencia determinante en el resultado final:

Se parte de un problema racionalmente detectado: Los datos muestran que se está perdiendo participación en el mercado.

La estrategia subsecuente, sin embargo, principia a perder esa racionalidad:

En vez de analizar la totalidad del contexto para decidir el tipo de información a recabar, los directivos de la empresa –apoyándose en la propia experiencia y moviéndose ahora a la dimensión personal– sesgan la visión y reducen el campo de estudio: El foco de atención se centra exclusivamente en el sabor.

En el fondo, para llegar a esta decisión mucho debe haber contribuido que coincidieran los anuncios de Pepsi –en los que se presentaban pruebas de sabor en las que perdía Coca y ganaba Pepsi– con la experiencia que había tenido el Director General de la compañía cuando, años atrás, siendo el químico responsable de la fórmula en la filial de las Bahamas, había alterado calladamente la fórmula con éxito.

En ese sentido, no se busca la decisión óptima, como exige la Dimensión Racional, sino que se toma la primera decisión satisfactoria para los tomadores de decisiones, como indica la Dimensión Personal.

El problema inicial se enfoca y se limita entonces al sabor de la bebida. Consecuentemente, se opta por estudios comparativos del sabor. Se contrata a una organización experta en este tipo de estudios.

Como todo tipo de estudio científico serio, las pruebas de sabor se hacen de acuerdo con protocolos estandarizados y con ello, se opera ahora fundamentalmente en la Dimensión Estructural, enfocada en procesos rígidos, claros y bien delimitados y sobre los que los actores tienen un probado dominio profesional. El foco de atención es el sabor.

Como todo equipo que se mueve estrictamente dentro de la Dimensión Estructural, los expertos atienden exclusivamente los aspectos relacionados con el sabor y la opinión de los participantes respecto a éste.

Las partes relevantes de la realidad han sido previamente codificadas en cuestionarios y reportes. Las no relevantes no se han codificado y, por lo tanto, quedan completamente fuera.

Aunque quienes participan en la prueba del sabor prefieren el nuevo sabor de la Coca, generador de satisfacción en su Dimensión Personal; al darse cuenta que se trata de alterar una fórmula de casi cien años que ellos consideran, en su Dimensión Simbólica, casi sacrosanta; airadamente –y utilizando un poder que van descubriendo en su Dimensión Política– se lo hacen saber a los expertos.

Pero los expertos se mueven en la Dimensión Estructural y en sus protocolos no existen lugares para absolutamente nada que no tenga que ver con el sabor que tiene la bebida. Así, los comentarios en contra del cambio surgidos en las pruebas de sabor mismas se pierden en el proceso.

Como la mayoría de los participantes parecía preferir el sabor de la nueva Coca, aún los participantes indignados, el Director General, consciente de la imagen interna también sacrosanta de la nueva fórmula, en la Dimensión Simbólica visita a su antecesor, una figura sumamente respetada en la compañía, para pedirle su bendición y cambiar la fórmula de la bebida. El Director General afirma haberla obtenido.

Apoyándose en las dimensiones Racional, Personal y Estructural, con bombo y platillo se genera una gran campaña de sustitución de la vieja bebida por la nueva.

Aunque, inicialmente, el nuevo sabor satisface aparentemente los paladares en la Dimensión Personal, poco a poco va cobrando fuerza la noción, en la Dimensión Simbólica, de que se ha atentado contra una fórmula venerable que ha adquirido una posición cultural muy significativa. Aún suponiendo sin conceder que la nueva fórmula tenga un mejor sabor, esos paladares consideran que la destrucción de un símbolo compartido por todos (como lo es la vieja Coca) es un precio muy alto a pagar.

La molestia con el cambio va adquiriendo *moméntum* y los consumidores que se oponen al cambio van descubriendo su poder, en la Dimensión Política, y aunque son minoría, su activismo y su presión social aprovechan la coyuntura para transformar las opiniones hasta darle un giro total y generar una mayoría en contra.

Nuevamente en la Dimensión Racional, la empresa revalúa las nuevas variables relevantes y en una decisión sin precedentes y casi sin inercia corrigen los errores previos y dan marcha atrás a todo el proceso y apoyándose en la Dimensión Simbólica, llamándola Clásica, relanzan con éxito la vieja fórmula y van paulatinamente desapareciendo la nueva fórmula. Todo el proceso, de lanzamiento de la nueva al relanzamiento de la vieja fórmula en un tiempo récord de tres meses.

Con la intervención de las cinco dimensiones, con grandes errores e igualmente grandes aciertos, la empresa convierte un fracaso transitorio en un éxito tan inesperado como duradero, revitalizando su marca en el proceso.

Como puede verse ahora a la luz de las cinco dimensiones, sin el apoyo dimensional difícilmente se habría podido analizar claramente el proceso y, mucho menos, entenderse. La suma de los comportamientos en las cinco dimensiones –en la que en algunos momentos predominaron unas y luego otras– afecta determinantemente el comportamiento organizacional y, finalmente, sus resultados y logros.

Vistos ahora desde cada una de esas dimensiones, pueden destacarse y resumirse esos comportamientos de la siguiente manera:

Entre los aspectos personales no sólo deben atenderse los de los consumidores sino, especialmente, los de los tomadores de decisiones: El Director General, en su carrera dentro de la compañía, había sido el ingeniero químico responsable de la fórmula de Coca Cola en las islas Bahamas y había experimentado, si bien calladamente pero con relativo éxito, con cambios a esa fórmula. Este antecedente personal y local hace que algo que con cualquier otra persona en la Dirección General nunca se hubiera considerado siquiera como una posibilidad –la alteración de la fórmula, ahora a nivel global– no sólo se considere sino que se contemple como una de las primeras opciones –si no la única– a explorar.

Entre los aspectos simbólicos –aunque no se hayan visto como tales– algunos se toman en cuenta; otros, no. Internamente, para tal cambio trascendental, el Director General va a buscar la bendición de su mentor y antecesor en el puesto, de quien dice obtenerla, aunque por lo transcendental de la decisión algunos dudan seriamente que esta bendición haya sido verdaderamente otorgada. Externamente y aunque se haya evidenciado durante la prueba misma, al enfocarse totalmente sólo en la prueba de sabores, no se toma en cuenta el significado que los cien años del producto –independientemente de sabores– habían generado en sus consumidores –muchos de los cuales se sintieron traicionados con el cambio.

Entre los aspectos estructurales y procesales, los estudios de opinión no se realizan con toda la neutralidad que exigiría todo el proceso; se aísla el aspecto del sabor de todo su contexto, incluyendo variables tales como el volumen del líquido ingerido y la presentación del producto saboreado; y se minimizan o de plano se desatienden los resultados globales negativos entre algunos participantes –que la respuesta de los consumidores habría de confirmar en la realidad. Ésta es, sin embargo, una limitante definitoria de la dimensión: Las partes de la realidad que no se han codificado previamente en los procedimientos de operación estándar ya no pueden formar parte de la realidad organizacional. Los protocolos cerrados que no permiten más respuestas que las que se buscan, la ejemplifican a perfección.

Entre los aspectos políticos, nunca se considera la importancia del poder, más allá del que tienen los directivos de la empresa. Parecería ser que es el único poder que verdaderamente importa. No se considera siquiera el poder que los consumidores devotos al producto original habrían de tener sobre el resto de los consumidores –aún en los casos en los que éstos pudieran ser mayoría– ni el activismo, la voluntad y la capacidad de convocatoria de quienes abiertamente rechazan el cambio y utilizan todos los medios a su alcance para deshacer el cambio y restaurar la fórmula original.

Al incorporar estos aspectos aparentemente diversos a todo este proceso –y, a manera de ejemplo, de un número considerable sólo se destacan unos cuantos– debe ser evidente que la actuación de la empresa no fue ni exclusivamente racional ni eminentemente planeada o totalmente lógica, aunque con este sesgo quieran visualizarlo muchas de las miradas internas y externas.

Y si, como se ha visto, esta perspectiva dimensional es esencial para un análisis válido de los comportamientos organizacionales y de sus resultados y logros, debe ser evidente que se vuelve crucial para su administración y dirección.

5. Cultura organizacional

El *conjunto resultante* de valores, concepciones, premisas y comportamientos, es decir, la integración particular para una organización dada de las cinco dimensiones, constituye su cultura organizacional[36].

Por ello, tanto la cultura como el comportamiento personal u organizacional tendrán que interpretarse como *resultantes* de la interacción entre las cinco dimensiones y analizarse a la luz de éstas[37].

---

[36] O, como se ha señalado previamente, en caso de aplicarse este modelo dimensional a una persona, familia, grupo o nación, se hablará de su cultura personal, familiar, grupal o nacional, según el caso.

[37] No obstante, debe ser evidente que toda acción podrá ser (y de hecho, es) interpretada en cualquiera de las cinco dimensiones, independientemente de la(s) dimensión(es) en la(s) que haya sido generada y podrá, a su vez, generar acciones consecuentes o reactivas en la dimensión utilizada para interpretarla.

Para *conocer* la(s) dimensión(es) en la(s) que realmente se está generando una acción es necesario conocer tanto la acción como su intención (el objetivo que con ella se pretende alcanzar); para

La cultura organizacional es la manera particular, inconsciente, automática, incuestionada e incuestionable de cada organización de entender su realidad y de actuar en ella y frente a ella.

La cultura es el marco vital con el que la organización ve, interpreta y reacciona ante el mundo y ante todo lo que sucede en él –dentro y fuera de la organización. Su cultura le indica a la organización lo que debe de ver y atender y lo que no; y le ofrece un elenco de acciones aceptables o legítimas para reaccionar ante lo visto y atendido.

La cultura se define –como cada una de las dimensiones separadamente– por una visión del ser humano y del mundo; una congerie de valores centrales; una concepción de la organización; un conjunto de premisas, supuestos y creencias; y un catálogo de acciones y estrategias que, apoyadas en esas premisas, supuestos y creencias, buscan realizar esos valores.

Esos valores, concepciones, premisas, manifiestos, acciones y comportamientos organizacionales, sin embargo, ya no son los dimensionalmente puros presentados para cada dimensión en el capítulo 3, sino un conjunto *resultante* que refleja la integración sui-generis y distintiva de las cinco dimensiones para esa organización.

La cultura organizacional incluye siempre las cinco dimensiones en la proporción y de la manera específica en la que esa organización en lo particular las ha hecho suyas.

La cultura organizacional constituye una teoría de acción[38] para esa organización. Como tal, puede contemplarse como integrada por una

---

inferir la(s) dimensión(es) de una acción, basta con que ésta aparezca como consecuencia congruente de los valores, premisas, supuestos y normas de una dimensión (o dimensiones) dada(s).

Las consecuencias o las reacciones suscitadas por una acción o un comportamiento determinados suelen ser generadas no por la acción o el comportamiento mismos, sino por la interpretación que de ellos se hace; la(s) dimensión(es) utilizada(s) –por alguien– para la interpretación de la acción de otros no necesariamente coincide(n) con la(s) dimensión(es) utilizada(s) –por esos otros– para generar la acción o el comportamiento en cuestión.

[38] "Teoría del comportamiento humano premeditado que [para la persona o la organización] es una teoría de control pero que, cuando se le atribuye [a la persona o a la organización], sirve para

teoría explícita[39] o *cultura postulante* –lo que puede inferirse de lo que se dice y de lo que se cree, y por una teoría-en-uso[40] o *cultura operante* –lo que puede inferirse de lo que realmente se hace.

La cultura postulante es la parte de la cultura que explica y justifica verbalmente las acciones y comportamientos organizacionales, tanto para la propia organización como para los demás. Comprende la misión y la visión organizacionales, así como la manifestación de sus principios y creencias.

La cultura operante es la parte actuante de la cultura y se infiere directamente de acciones y comportamientos organizacionales. Comprende también los productos tangibles de esas acciones, hayan sido o no buscados.

Tanto para la cultura postulante como para la operante, existe un sustrato de valores, concepciones y premisas que sustenta las manifestaciones verbales de la cultura postulante y gobierna las acciones y comportamientos de la operante y que son, en cada caso, parte integral de esa cultura.

Aunque cada una de las dimensiones es internamente consistente (es decir, existe una correspondencia general entre su visión, sus valores, sus premisas, sus comportamientos, etc.), la integración *sui generis* de las cinco en una cultura particular puede resultar –y, de hecho,

---

explicar o predecir su comportamiento" (Argyris y Schön, 1974:6). Las teorías de acción se dan a nivel verbal (teoría explícita) y a nivel del comportamiento real (teoría-en-uso).

[39] Teoría de acción manifestada o sostenida por la persona o la organización (Postura, Manifiesto, Principios o Filosofía personal u organizacional). Es la respuesta para sí mismo y para los demás de cómo se comportarían ante determinadas situaciones o circunstancias y la justificación de cómo se ha comportado (Argyris y Schön, 1974 y 1978). Evidentemente, todo comportamiento y, específicamente, toda cultura –que implican teorías de acción– tendrán, necesariamente, componentes explícitos y componentes en-uso (es decir, verbales y reales).

[40] Teoría que realmente gobierna las acciones de la persona o la organización. Puede ser o no ser compatible con la teoría explícita de esa persona o esa organización. En caso de no serlo, la persona o la organización pueden estar o no conscientes de esa incompatibilidad. Toda teoría-en-uso, independientemente de sus contenidos específicos, incluye, necesariamente supuestos sobre uno mismo, los demás, la situación y la conexión entre acción, consecuencia y situación (Argyris y Schön, 1974 y 1978).

frecuentemente resulta– en visiones, valores centrales, concepciones, premisas, supuestos, creencias, acciones y estrategias internamente inconsistentes, precisamente por la disparidad de los valores, premisas, comportamientos, etc., que finalmente la constituyen, contribuidos por cada una de las cinco dimensiones de acuerdo a su integración específica para esa organización.

Por ello, tanto la cultura organizacional como sus componentes operante y postulante pueden exhibir diversos grados de *inconsistencia interna*.

Adicional e independientemente de ello, se pueden presentar, asimismo, diversos niveles de afinidad o compatibilidad entre la cultura operante y la cultura postulante[41], en cuyo caso la cultura presentará diversos grados de *incongruencia*.

En los casos en que existan, la cultura generalmente no está consciente de esos grados de inconsistencia interna o de incongruencia dado que, como toda teoría de acción, la cultura excluye y desalienta, no sólo la conciencia de su propia existencia, sino el análisis objetivo de sus propias premisas, valores e inconsistencias internas, aún ante las consecuencias de sus propias acciones organizacionales.

Los grados de congruencia y de consistencia interna, en su caso, forman parte de los aspectos distintivos de esa cultura y de su caracterización.

En suma, puede decirse que una cultura organizacional puede definirse por su perfil dimensional y por sus grados de congruencia y consistencia interna.

.

---

[41] Es decir, lo que se predica o sostiene no corresponde parcial o totalmente con las acciones y comportamientos que se observan en la realidad.

6. El perfil dimensional

El perfil dimensional es la caracterización de una cultura específica en términos dimensionales.

Como las cinco dimensiones siempre están presentes, su integración particular para una organización en lo particular da lugar a un *perfil* dimensional y no a la clasificación de la organización en alguna de las cinco dimensiones aisladas.

Este perfil dimensional está configurado por la ordenación preferencial jerárquica de las cinco dimensiones propia para esa organización[42].

---

[42] O para esa persona, familia, grupo o nación, en los casos de perfiles y culturas personales, familiares, grupales o nacionales.

Estas ordenaciones preferenciales suelen ser estables y duraderas pero no son, necesariamente, inmutables.

El perfil dimensional manifiesta la combinación específica de cada una de las dimensiones para esa organización, lo que distingue cada perfil dimensional particular.

Este perfil responde a la pregunta ¿Qué dimensión(es) domina(n)? y, aunque para efectos prácticos, la respuesta podría ser satisfactoria con las dos primeras, esta respuesta estaría integrada siempre por las cinco dimensiones –indicando la dimensión que domina primero[43] y agregando la dimensión que domina en segundo, en tercer, en cuarto y en quinto lugares, considerando desde la dimensión más dominante o central hasta la menos dominante o periférica[44].

Adicionalmente a la ordenación, podría considerarse en el futuro el grado de intensidad de cada una. El grado de intensidad se refiere al énfasis relativo de cada dimensión en el perfil y responde a la pregunta ¿Cuánto domina? y la respuesta indicaría, porcentualmente, el grado de presencia o de dominio de cada una[45].

---

[43] Dependiendo del desarrollo posterior de técnicas e instrumentos que pudieran detectarlo e indicarlo con precisión podría incluso cuantificarse el grado de este dominio. Sin embargo, en el fondo, importa mucho más lo cualitativo que lo cuantitativo y se puede operar con suficiente seguridad sin éste.

[44] Por ejemplo: (1) Estructural, (2) Simbólica, (3) Política, (4) Personal, (5) Racional; o (1) Estructural, (2) Personal, (3) Política, (4) Simbólica, (5) Racional; o (1) Personal, (2) Racional, (3) Estructural, (4) Simbólica, (5) Política; etc.

[45] Continuando con el ejemplo anterior, supóngase que los perfiles dimensionales de dos organizaciones diferentes, coinciden en su configuración y aparecen ambos como: (1) Estructural, (2) Simbólica, (3) Política, (4) Personal, (5) Racional. Aunque en ambos casos la dimensión estructural tiene el grado más alto de centralidad, las mediciones de intensidad pudieran indicar que mientras que en una de las organizaciones el énfasis en lo estructural es del 80% (por ponerle un número que sirva de ejemplo aunque no se tengan ni importe mucho que se tengan, los instrumentos para determinarlo), en la otra es del 60%. La respuesta a ¿Qué dimensión domina? fue en ambos casos la misma: la estructural; pero la respuesta dada a ¿Cuánto domina? –intensidad– fue diferente: 80% versus 60%. Es evidente que la organización exhibirá comportamientos y valores estructurales bastante más acusados en el primer caso que en el segundo, aún y cuando en ambos, la dimensión más fuerte, dominante o central, sea la estructural.

Considerando exclusivamente la ordenación preferencial o configuración, el número de perfiles básicos diferentes es de 120 (es decir, 5! o 5 factorial). La incorporación del grado de intensidad como variable adicional podría dar como resultado que de esos 120 perfiles dimensionales básicos se obtengan tantos perfiles dimensionales particulares diferentes como organizaciones existan en el planeta.

El perfil dimensional característico de una organización refleja, entonces, la integración desigual pero muy particular para esa organización específica, de valores, premisas y supuestos de las cinco dimensiones.

Este perfil dimensional puede aplicarse, igualmente, para establecer los perfiles (en este caso, parciales desde la perspectiva de la cultura organizacional como un todo) de la cultura postulante y de cultura operante de la organización.

En suma, el perfil dimensional, constituye –con sus valores, concepciones, premisas, etc., resultantes de la integración dimensional particular– el esquema básico de la cultura organizacional.

Este esquema básico se complementa con los grados de consistencia interna y de congruencia entre cultura operante y cultura postulante, con lo queda integrada la descripción sintética de toda organización y toda cultura: su perfil dimensional, su grado de consistencia interna y su grado de congruencia.

Quizás se pueda desarrollar una tipología del comportamiento y la cultura organizacionales utilizando su perfil dimensional. Quizás pueda descubrirse que las organizaciones se inclinan o prefieren marcadamente algunas combinaciones particulares de esas cinco dimensiones, sin que desaparezcan, evidentemente, las restantes:

La dimensión personal necesita de símbolos; la racional, de estructuras y procesos por transitorios que se contemplen; los símbolos y los ritos tienen valor y utilidad políticos; la política afecta las relaciones humanas, por inmunes que éstas se quieran mantener; la persona carismática o brillante adquiere con ello un valor político y simbólico adicional; la racionalidad pone al descubierto variables relevantes que afectan lo personal, lo estructural y lo simbólico; etc. y las organizaciones no son sino interacciones constantes y continuas, tanto consigo mismas, como con su medio ambiente, que se llevan a cabo en estas cinco dimensiones.

Conclusión: Experiencias y posibilidades

Desde la perspectiva dimensional –si las hipótesis aquí planteadas fueren comprobadas y, por lo tanto, se demostrara que así se comporta la realidad, parece tan evidente como afortunado que las teorías-en-uso de directivos y administradores organizacionales hayan estado más próximas a la realidad y hayan sido más totalizadoras que lo que las teorías organizacionales vigentes en cada momento les habrían permitido visualizar o lo que sus propias teorías explícitas habrían dejado entrever.

La experiencia demuestra que, generalmente, sus teorías explícitas tienden a enfatizar las dimensiones racional y estructural de la organización: Hablan de objetivos y de los medios racionales para alcanzarlos; hablan de estructura organizacional y planeación; hablan de reglas y procedimientos; hablan de medios y técnicas de control administrativo; etc.

Sus teorías-en-uso, paradójicamente, muestran un 'entendimiento' de la organización mucho más sutil y complejo y, en diversos grados, acusan una actuación en las cinco dimensiones organizacionales: Realizan acciones políticas maestras, al tiempo que niegan todo elemento político en la organización[46]; generan, intuitivamente, actividades de relaciones humanas, hábiles y efectivas, al tiempo que proclaman una convicción racional/estructural estricta y sin 'contemplaciones afectivas'; y grandes gestos simbólicos se convierten en el medio para implementar una nueva estructura y nuevos procedimientos de operación estándar.

Para comprobar o precisar las hipótesis aquí planteadas y demostrar que así se comporta la realidad hace falta, sin embargo, mucho trabajo de campo. Entre otros, hace falta desarrollar instrumentos, indicadores, escalas, etc. dimensionales; aplicarlos a las organizaciones, sus comportamientos y su cultura; precisar y depurar los marcos interpretativos; etc.

La parte cuantitativa es, evidentemente, la más lejana. Desde un punto de vista cualitativo, en cambio, las dimensiones organizacionales se han utilizado –con resultados alentadores– para bosquejar mapas de comportamientos y de culturas organizacionales que faciliten su administración y desarrollo; para fortalecer a ejecutivos y a directivos en el análisis y comprensión de su realidad organizacional; y para potenciar su efectividad al frente de las organizaciones que dirigen y el desempeño de éstas.

---

[46] No me refiero aquí a la tan trillada como poco ingeniosa frase de los políticos de diversos países que al enfrentarse a algún problema clave, para debilitar la posición de sus opositores utilizan la frase "no debe politizarse esto", insinuando que sus opositores sí lo hacen, ¡como si fuera posible evitar o desaparecer alguna de las cinco dimensiones, que siempre están presentes!, aún o especialmente en la política gubernamental de los países. Me refiero a organizaciones privadas o públicas no gubernamentales, a instituciones educativas públicas y privadas, a organizaciones voluntarias, e incluso a órdenes religiosas.

Bibliografía

Ackoff, Russell L.
1970   **A Concept of Corporate Planning**
        Nueva York: Wiley.

Allison, Graham T.
1971   **Essence of Decision. Explaining the Cuban Missile Crisis**
        Boston: Little, Brown.

Argyris, Chris
1957   **Personality and Organization**
        Nueva York: Harper y Row.

Argyris, Chris y Donald A. Schön
1974   **Theory in Practice. Increasing Professional Effectiveness**
        San Francisco: Jossey-Bass.

Argyris, Chris y Donald A. Schön
1978   **Organizational Learning. A Theory of Action Perspective**
        Reading, MA: Addison-Wesley.

Aristóteles
1973   *Ética* (págs. 1101-1399). *Política* (págs. 1401-1569). **Obras**
        Madrid: Aguilar

Barnard, Chester I.
1968   **The Functions of the Executive**
        Cambridge, MA: Harvard University Press.

Bergson, Henri
1970   **Essai sur les donneés immédiates de la conscience**
        Paris: Les Presses universitaires de France.

Bolman, Lee y Terrence E. Deal
1980   **Perspectives on Organizations**
        Documento de trabajo. Cambridge: Universidad de Harvard.

Bolman, Lee y Terrence E. Deal
1980a   **The Structural Perspective**
        Documento de trabajo. Cambridge: Universidad de Harvard.

Bolman, Lee y Terrence E. Deal
1980b   **The Human Resources Frame**
        Documento de trabajo. Cambridge: Universidad de Harvard.

Bolman, Lee y Terrence E. Deal
1980c   **The Political Frame**
        Documento de trabajo. Cambridge: Universidad de Harvard.

Bolman, Lee y Terrence E. Deal
1980d **The Symbolic Frame**
       Documento de trabajo. Cambridge: Universidad de Harvard.

Cassirer, Ernst
1945   **Antropología filosófica**
       México: Fondo de Cultura Económica.

Churchman, C. West
1973   **El enfoque de sistemas**
       México: Diana.

Crozier, Michel
1964   **Le Phénomène bureaucratique**
       Paris: Éditions du Seuil.

Crozier, Michel y Erhard Friedberg
1977   **L'Acteur et le système**
       Paris: Éditions du Seuil.

Dahl, Robert A.
1957   "The Concept of Power"
       Behavioral Science, Vol. 2, págs. 201-215.

Descartes, René
1966   **Discours de la méthode**
       París: Librairie Philosophique J. Vrin

Etzioni, Amitai
1975   **A Comparative Analysis of Complex Organizations**
       Nueva York: The Free Press.

Fayol, Henri
1916   **General and Industrial Administration**
        Nueva York: Pitman.

Herzberg, Frederick
1964   "The Motivation-Hygiene Concept and Problems of
        Manpower". **Personnel Administrator** (27): 3–7.

Katz, Daniel y Robert L. Kahn
1966   **The Social Psychology of Organizations**
        Nueva York: Wiley.

Levinson, Harry
1968   **The Exceptional Executive**
        Cambridge, MA: Harvard University Press.

Levinson, Harry
1972   **Organizational Diagnosis**
        Cambridge, MA: Harvard University Press.

Linneo, Carlos
1964   **Systema Naturae**
        Nieuwkoop (Holanda): B. De Graaf

Lipsky, Michael
1980   **Street-Level Bureaucracy**
        Nueva York: Russell Sage Foundation.

March, James G. y Herbert A. Simon
1958   **Organizations**
        Nueva York: Wiley.

March, James G. y Johan P. Olsen
1976   **Ambiguity and Choice in Organizations**
       Bergen, Noruega: Universitetsforlaget.

Maslow, Abraham
1970   **Motivation and Personality**
       Nueva York: Harper y Row.

Mayo, Elton
1945   **The Human Problems of an Industrial Society**
       Cambridge, MA: Harvard University Press.

McGregor, Douglas
1960   **The Human Side of Enterprise**
       Nueva York: McGraw-Hill.

Oliver, Thomas
1986   **The Real Coke, The Real Story**
       Nueva York: Random House.

Ortega, Mariano
1982   "Dimensiones organizacionales. Hacia una comprensión del
       comportamiento   organizacional".   **Bases   para   la
       administración en instituciones educativas.**   Querétaro:
       Ciidet.

Orton, Joe
1970   **What the Butler Saw**
       Nueva York: Grove Press.

Pascal, Blaise
1965   **Pensées**
Paris: Larousse

Perrow, Charles
1970   **Organizational Analysis: A Sociological View**
Monterey, CA.: Brooks/Cole.

Perrow, Charles
1979   **Complex Organizations. A Critical Essay**
Glenview, IL: Scott, Foresman (Segunda edición).

Rogers, Everett M. y Rekha Agarwala–Rogers
1976   **Communication in Organizations**
Nueva York: The Free Press.

Selznick, Philip
1948   "Foundations of a Theory of Organizations"
American Sociological Review Vol. 13, págs. 25-35.

Thompson, James D.
1967   **Organizations in Action**
Nueva York: McGraw-Hill.

Taylor, Frederick
1911   **The Principles of Scientific Management**
Nueva York: Norton.

Warwick, Donald P.
1975   **A Theory of Public Bureaucracy. Politics, Personality and Organization in the State Department**
       Cambridge, MA: Harvard University Press.

Warwick, Donald P.
1978   **Analyzing the Transactional Context for Planning**
       Cambridge, MA: Center for Studies in Education and
       Development. Harvard Graduate School of Education.

Warwick, Donald P.
1980   "Integrating Planning and Implementation: A Transactional
       Approach" **Planning Education for Development. Issues and
       Problems in the Planning of Education in Developing
       Countries.** Compilado por Russell G. Davis. Cambridge, MA:
       Center for Studies in Education and Development. Harvard
       University. Págs. 379-411.

Weber, Max
1944   **Economía y sociedad**
       México: Fondo de Cultura Económica.

Zaleznik, Abraham
1970   "Power and Politics in Organizational Life" **Harvard Business
       Review** Mayo–junio 1970. Págs. 47-60.

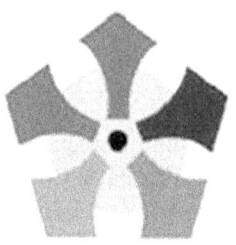

Dimensiones de la cultura y el comportamiento organizacionales de Mariano Ortega se acabó de imprimir en el mes de diciembre de 2015